배움이 빛나는
프로젝트학습

개념부터 설계 방법, 실천 사례까지 우리 실정에 맞는
프로젝트학습의 모든 것

배움이 빛나는
프로젝트학습

어수선(어디에서나 수업을 연구하는 선생님들)

사우

프롤로그

"학생들은 우리가 가르치는 대로 배우지 않는다."

-딜런 윌리엄

배움이란

'나는 지금 아이들에게 의미 있는 배움이 일어나도록 올바르게 배움을 지원하고 있는가?

교사라면 누구나 한 번쯤은 했을 법한 고민입니다. 우리가 가르치고 배우는 이유는 무엇일까요? 여러 이유가 있겠지만 궁극적으로는 학생들이 의미 있는 배움과 성찰을 통해 훗날 크고 작은 공동체의 구성원으로서 책임과 의무를 다할 수 있는 역량을 길러주는 것이라 생각합니다. 자신에게 주어진 여러 삶의 문제나 주제에 대하여 스스로 계획하고 실천하며 성찰을 통해 발전하는 행복한 공동체 구성원을 기르는 것이지요.

고민하다 '정말 이대로 괜찮은가?'

　아이들을 가르치며 많은 고민과 회의감이 들었습니다. 학생들의 흥미를 끌지 못하는 분절적인 학습 내용, 학교에서 배운 것을 실제 삶과 연관시키는 경험을 제공해주지 못하는 가정과 학교, 배움의 주체가 되지 못한 채 무엇을 배워야 하는지 알지 못하는 학생들.

만 나 다 고민이 깊어질 때쯤 같은 고민을 하고 있는 여러 선생님을 만나게 되었습니다. 이러한 상황을 함께 타개해보고자 2016년에 '어수선(어디에서나 수업을 연구하는 선생님들)'이라는 학습공동체를 조직하게 되었지요. '나는 지금 아이들에게 의미 있는 배움이 일어나도록 올바르게 배움을 지원하고 있는가?' 우리는 이 고민을 해결하기 위한 첫걸음을 내딛게 됩니다.

시작하다 '학생들이 주인공인 배움이었으면…'
　'깊이 있는 탐구가 일어났으면…'
　'학생들이 흥미를 가지고 학습에 참여하였으면…'
　'학생들의 배움이 실제 삶과 연결되었으면…'
　'미래를 살아가는 데 필요한 역량을 길러주었으면…'
　이러한 고민을 해결해 줄 수 있는 교육 방법에 대해 고민하던 중 우리는 프로젝트학습을 알게 되었고, 본격적으로 연구하기 시작했습니다.

실천하다　연구논문과 시중에 나와 있는 다양한 책을 통해 프로젝트학습을 연구하고 실천하기 시작하였습니다. 생각보다 프로젝트학습에 대한 연구논문이 많지 않아 자료의 한계가 있었습니다. 국내에서 발간한 책들도 이론적 기반보다는 사례 중심이 대부분이라 이론적 근거가 부족했습니다. 프로젝트학습의 이론적 근거가 빈약하고 일단 실천해보라는 주먹구구식 도서가 대부분이었죠. 프로젝트학습이 추구하는 본질에서 멀어지는 내용도 있었습니다. 해외 도서의 경우 국내 정서와 맞지 않고 번역이 어색해 프로젝트학습을 실천하는 교사들에게 혼돈을 주기도 했습니다.

　우리는 지난 4년여간 다양한 연구와 실천을 통해 국내 실정에 맞는 프로젝트학습의 이론적 근거와 배경, 프로젝트학습의 조건 등을 명확히 정립하기 위해 노력했습니다. 그리고 초등학교 현장에 적용해보았습니다.

나누다　마침내 우리가 연구하고 정립한 프로젝트학습 패러다임이 녹아있는 프로젝트학습의 이론과 실제가 균형을 이루는 책을 집필하게 되었습니다. 부족하지만 우리가 연구한 결과를 공유하여 배움의 주체인 학생들의 성장에 자그마한 도움이라도 되고 싶었기 때문입니다. 특히 처음 프로젝트학습을 실천하는 선생님들이 우리와 같은 시행착오를 겪지 않기를 바라는 마음 간절합니다. 프로젝트학습을 꾸준히 실천하는 선생님들과도 이 책을 통해 서로의 관점과 실천 사례를 나누고 교류하고자 합니다.

이 책이 프로젝트학습과 진정한 배움의 길을 실천하는 선생님들에게 도움이 되길 진심으로 기원합니다.

우리와 처음부터 함께하면서 지도·조언해 주신 유효선 교감선생님, 1호 독자로서 냉철한 비평을 해주신 신승 교장선생님, 4년의 연구 결과가 책으로 나올 수 있도록 지원해 준 전라남도 교육청과 전라남도 교육연구정보원, 책 내용을 한층 더 멋지게 편집해 준 사우 출판사 관계자께 감사의 마음을 전합니다. 그리고 사랑하는 가족에게도 감사의 마음을 전합니다.

PART 1:

어수선이 말하는
프로젝트학습의
정의

PART 2:

어수선이 말하는
프로젝트학습의
기초

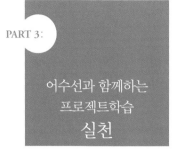

PART 3:

어수선과 함께하는
프로젝트학습
실천

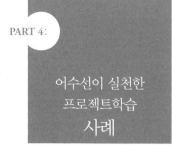

PART 4:

어수선이 실천한
프로젝트학습
사례

PART

:1:

어수선이 말하는 프로젝트학습의 정의

　프로젝트, 프로젝트학습의 개념이 최근에 정립되어 알려진 새로운 흐름이라고 생각하는 사람이 많다. 과연 프로젝트는 언제부터 시작되었을까? 생각보다 그 역사가 길다. 프로젝트의 기원으로 보는 프로게티(Progetti)는 이탈리아에서 15세기에 시작되었고 프로젝트를 학교 교육과정에 처음 도입한 존 듀이(John Dewey)의 실험학교(Laboratory school)는 1896년에 설립되었다는 사실! 놀랍지 않은가? 킬패트릭(Kilpatrick)이 존 듀이의 철학을 구체화한 프로젝트법(The project method)을 발표한 때는 3.1운동 1년 전인 1918년이다. 유아교육 과정에 프로젝트학습을 도입한 카츠(Katz)와 차드(Chard)의 프로젝트 접근법(Project approach)도 세상에 나온 지 30년이 넘었다. 프로젝트학습은 유구한 역사와 철학을 담은 배움의 패러다임이라고 말할 수 있다.

　프로젝트를 기반으로 한 프로젝트학습의 패러다임을 이해하기 위해 먼저 프로젝트와 프로젝트학습의 개념, 효과, 역사적 배경에 대해 알아보자. 그런 다음 어수선연구회가 생각하는 프로젝트학습의 조건도 함께 살펴볼 것이다.

프로젝트학습은
○○○이다

프로젝트학습에 대한 정의는 학자와 단체에 따라 다양하다. 선행연구에서 제시된 프로젝트와 프로젝트학습의 개념을 어수선연구회에서 제시한 '프로젝트학습의 조건' 7가지(35쪽 참고)를 바탕으로 분석하여 프로젝트학습의 개념을 재정립하고자 한다.

프로젝트란?

'프로젝트'의 개념은 교육계나 기업체 등 여러 곳에서 다양하게 쓰이고 있다. 프로젝트의 개념은 일반적으로 다음과 같이 정의할 수 있다.

> 프로젝트 – 어떠한 주제에 대하여 일정한 기간 동안 다양한 연구·탐구를 통해 결과물을 만들어내는 일련의 과정

킬패트릭, 카츠와 차드, 이명조의 연구와 표준국어대사전에서는 교육과 연관된 프로젝트의 개념을 다음과 같이 정의하였다.

표준국어 대사전	학습자가 스스로 계획하고 구상(②)하여 문제를 해결(③)하는 실천적 활동 (⑥)을 중요시함으로써 지식과 경험을 종합적으로 체득(④)시키려는 것
킬패트릭	학습자가 주체(②)가 되어 수행(③)하는 유목적적 활동(②, ③)
카츠와 차드	한 반의 전체, 소집단 또는 개별 학생(⑤)이 이행하는 특정 주제(①)에 대한 깊이 있는 탐구(③) 프로젝트의 핵심적 특징은 학생에 의해, 교사에 의해, 학생과 교사가 함께 제 기(①, ⑤)한 연구주제와 관련된 질문에 대한 해결책을 찾아내는 데 의도적으 로 초점이 맞춰진 하나의 연구 노력(③).
이명조	특정 주제(①)에 대한 깊이 있는 탐구(③)

※ 숫자는 아래의 어수선연구회에서 제시한 프로젝트학습의 조건과 관련지어 분석한 것임.
① 실제성 ② 자율성 ③ 탐구성 ④ 학습성 ⑤ 상호작용성 ⑥ 열린 산출성 ⑦ 평가성

프로젝트? 프로젝트학습? 프로젝트 수업?

프로젝트학습은 프로젝트, 프로젝트 수업, 프로젝트 기반 학습(PBL)
등 다양한 용어와 의미로 혼재되어 사용되고 있다. 용어는 미묘하게 다
르지만 프로젝트를 기반으로 학생들에게 실제적 배움이 일어나게 한다
는 점은 일맥상통한다. 어수선연구회에서는 프로젝트의 개념을 바탕으
로 배움이 일어나게 하는 일련의 과정을 '프로젝트학습'으로 명칭을 정
립하고 사용하고자 한다. 그 까닭은 '학습'은 배움의 주체인 학습자가 중
심인 용어이고 '수업'은 교사가 중심인 용어이기 때문이다. 교사의 비계
제공과 코칭을 바탕으로 학생주도의 심도 있는 탐구 활동을 통해 산출물
을 만들어내는 프로젝트 형태의 배움은 학습자가 중심이기 때문에 '프로
젝트학습'이라고 불리는 것이 가장 알맞다고 본다.

어수선이 정립한
프로젝트학습의 개념

여러 학자와 단체가 제시한 프로젝트학습의 개념을 살펴보면 다음과 같다.

이성대 외	학습자의 프로젝트 주제의 선정과 추진 방법의 선택에 있어서 자기주도적인 역할(②)과 팀 구성원의 협력, 역할 수행을 통한 협력적 작업 능력이 중요(⑤)하며 작업의 결과를 다양한 방법으로 표현(⑥)하고 공유하는 과정을 통해 사고의 확장(③)이 이루어지는 학습
산마테오교육청 (SMCOE)	교사 중심적이고 간단하고 단편적인 지식을 학습하는 것을 벗어나, 장기간 동안 통합교과적이고 실세계와 관련된 문제(①)를 다루는 학생중심적인(②) 교실활동 모형
교육개선국제기구 (NFIE)	학생들이 서로 협력(⑤)하여 다양한 학문적 또는 직업과 관련된 문제를 해결(①)하며, 직접 설계, 수행, 조사, 보고서 작성을 하는 과정(③)을 통해 보다 폭넓은 지식과 기술을 습득(④)하는 것
벅교육협회 (BIE)	학생들이(②) 교육과정을 기반(④)으로 하여 실생활과 관련된(①) 프로젝트를 협력(⑤)하여 조사하고 탐구하는 과정(③)을 통해 추상적이고 지적인 과제들을 보다 깊이 있게 학습(④)하는 것 프로젝트는 반드시 교육과정으로부터 출발(④)하고, 학생들이 학습한 것을 평가(⑦)해야 함.

※숫자는 아래의 어수선연구회에서 제시한 프로젝트학습의 조건과 관련지어 분석한 것임.
① 실제성 ② 자율성 ③ 탐구성 ④ 학습성 ⑤ 상호작용성 ⑥ 열린 산출성 ⑦ 평가성

어수선연구회는 선행연구에 제시된 프로젝트학습의 개념을 프로젝트학습의 조건을 바탕으로 분석한 결과 프로젝트학습을 다음과 같이 정의하였다.

프로젝트학습 by 어수선

교육과정 성취기준을 바탕으로 실생활과 연계된 문제를 타인과 상호작용하며 학생주도의 탐구과정을 거쳐 다양한 산출물을 만들고 그 과정과 결과에 대해 성찰하는 교육 패러다임이자 교수·학습 방법이다.

읽을거리

문제기반학습은 무엇일까?

문제기반학습(PBL, Problem Based Learning)은 1960년대 캐나다 맥마스터 대학의 의과대학 교수들이 의과대학생의 임상 및 진단능력을 신장시키기 위해 개발하였다. 기존의 캐나다 맥마스터 대학 교육과정에서는 단편적인 의학 지식 암기만 강조하여 의사로서 갖추어야 할 지식, 역량, 성향을 갖추지 못했기 때문이다.

캐나다 맥마스터 대학에서 시작한 문제기반학습은 네덜란드 마스트리히트 대학과 미국 미시간 주립대학을 비롯한 여러 기관에서 즉시 채택되었다. 이후 50년 동안 미국의 거의 모든 의과대학에서 공인된 교육 방법으로 활용되고 있으며, 건축 · 경영 · 교육 · 법학 · 공학 분야 등에서도 폭넓게 활용되고 있다.

문제기반학습은 실제적인 문제나 이와 유사하게 제시되는 문제를 해결하는 점, 명백한 답이나 정해진 해결 절차가 없는 점, 학생 중심의 탐구 활동을 강조하는 점, 학습 과정 전체를 성찰하고 서로의 생각을 공유하는 점에서 프로젝트학습과 유사하다. 문제기반학습은 실제적 문제를 강조하여 실제적 문제로부터 출발하는 학습을 강조하고 있으며, 프로젝트학습은 프로젝트학습의 결과로서의 산출물과 모둠 활동을 통한 상호작용을 강조한다.

그렇다면 프로젝트학습과 문제기반학습의 관계는 무엇일까? 학계의 보편적인 관점은 프로젝트학습이 문제기반학습을 포함한다고 본다. 프로젝트학습을 더 넓은 의미로 이해하는 것이다.

왜 프로젝트학습을
해야 하나요?

우리의 삶은 크고 작은 프로젝트로 이루어진 하나의 큰 프로젝트이다. 여행, 진로, 결혼 등등 우리는 살면서 맞닥뜨리는 여러 문제를 해결하기 위해 끊임없이 고민하고 시행착오를 거치며 나름의 방법을 찾고 행복한 삶을 가꾸어 간다. 그러나 주변 사람들을 살펴보면 주어진 문제를 해결하는 방법과 능력은 천차만별이다. 그 차이는 어디에서 오는 것일까?

삶의 과정에서 생겨나는 문제를 슬기롭게 해결할 수 있는 역량이 다르기 때문이다. 물론 사람마다 처한 상황이 달라 이것이 전부라 말할 순 없다. 하지만 그 역량은 자기가 원하는 삶에 더 가깝게 다가가도록 도와줄 수 있을 것이다.

프로젝트학습은 학생의 삶과 밀접한 문제를 타인과의 상호작용을 통해 해결하며 학습하는 것으로 살아가는 데 필요한 역량·덕목을 기를 수 있는 교육 패러다임이다. 이 절에서는 왜 프로젝트학습을 실천해야 하는지 이야기해 보고자 한다.

창의융합형 인재를 기르는 교육 패러다임

4차 산업혁명으로 세상은 더욱 빠르게 변화하고 복잡해져 간다. 이제 지식을 잘 외우고 그것에 정통한 지식형 인재는 경쟁력을 잃었다. 레오나르도 다빈치, 스티브 잡스처럼 창의적 사고와 융합적 사고능력을 갖춘 창의융합형 인재가 필요한 시대이다.

2015 개정 교육과정에서 창의융합형 인재란 '인문학적 상상력과 과학기술 창조력을 갖추고 바른 인성을 겸비하여 새로운 지식을 창조하고 다양한 지식을 융합하여 새로운 가치를 창출할 수 있는 사람'을 말한다. 이 정의에는 인문학적 상상력, 바른 인성, 융합 등의 가치가 포함되어 있다. 이런 창의융합형 인재를 양성하기 위해서 6가지 역량을 강조한다.

〈역량의 의미〉
학자나 분야에 따라 다르게 정의하여 정확한 의미를 가지지 않으나
능력과 관련된 다양한 용어로 사용되고 있다.

역량을 지칭하는 용어
• ability　• capacity　• skill　• knowledge　• competence

〈2015 개정 교육과정 핵심역량〉
• 자기관리 역량	• 지식정보 처리 역량	• 창의적 사고 역량
• 심미적 감성 역량	• 의사소통 역량	• 공동체 역량

〈프랑스 교육과정 핵심역량〉
• 모국어 습득	• 외국어 유창성	• 수학, 과학, 기술 핵심요소
• 정보통신기술 활용	• 문화적 교양	• 사회적 시민적 역량
• 자율성과 주도성		

〈뉴질랜드 교육과정 핵심역량〉
• 사고력	• 언어와 상징, 텍스트의 활용	• 자기관리
• 타인과 관계 맺기	• 참여와 공헌	

'자기관리 역량', '지식정보처리 역량', '창의적 사고 역량', '심미적 감성 역량', '의사소통 역량', '공동체 역량'. 이러한 교육과정 변화의 경향성은 국내외 수많은 단체와 국가의 교육과정에서도 확인할 수 있다.

더불어 2015 개정 교육과정은 학생들의 역량을 기르기 위해 토의·토론, 협력학습, 프로젝트학습 등 학생참여형 수업을 활성화하는 데 중점을 두고 있다. 프로젝트학습은 그 과정에서 토의·토론과 협력학습이 추가되므로 학생참여형 수업에서 중요한 위치를 차지한다.

실제 생활 주변에서 찾을 수 있는 탐구 문제를 해결하는 프로젝트학습은 하나의 교과에 집중하여 설계되기보다는 주제와 관련된 지식이나 활동을 포함하는 여러 교과의 성취기준이 유기적으로 융합되어 설계된다. 다시 말하면 학생들은 지식이나 개념을 분절적으로 학습하는 것이 아니라 각 교과의 성취기준이 융합된 하나의 탐구 문제를 해결하기 위해 학습하고 활동하며 인문학적 상상력, 바른 인성, 융합 등의 가치를 경험하게 되는 것이다. 크든 작든 제대로 설계된 프로젝트학습은 학생들에게 삶의 문제를 다양한 교과(또는 학문)의 관점에서 사고하고 해결하는 경험을 제공한다. 이 과정을 통해 학생들은 창의융합형 인재로 성장한다.

삶과 관련 있는 지식을 배우는 기회

듀이와 킬패트릭은 프로젝트학습에서 사용되는 주제는 학습자의 흥미와 호기심을 불러일으키며, 실제 생활과 관련이 있어야 한다고 말한다. 프로젝트학습은 지식을 암기하거나 이해하는 데 머무는 것이 아니라

지식이 자신의 생활 속으로 이어져 무언가로 발현되는 살아있는 배움을 추구한다.

이 책을 읽고 있는 부모나 교사는 학생들에게 이러한 질문을 적어도 한 번쯤은 들어보았을 것이다.

"엄마, 이걸 왜 배우는 거예요?"

"선생님, 이거 배워서 도대체 뭐해요?"

이때 대부분의 어른들은 이렇게 대답할 것이다.

"나중에 필요해. 커서 고등학교도 가고 대학에도 가게 될 텐데, 그때 이걸 모르면 공부하기가 힘들어."

우리는 결과를 내기 위해 배워왔고 그것이 당연하다고 생각해왔다. 학업은 좋은 대학에 가기 위한 수단일 뿐이었다. 그러니 공부가 싫고 힘들 수밖에. 우리가 내 생활과 관련된 뉴스나 정보에 관심을 가지듯 학생들도 자신의 삶과 관련된 주제에 관심을 보이고 흥미를 느낀다.

다음 두 질문을 보자.

문제 1. 제주도로 여행갈 때 이용할 수 있는 교통편에는 무엇이 있는가?

문제 2. 내가 3박 4일 제주도 여행을 갈 때 이용할 수 있는 가장 효율적인
교통편은 무엇인가?

1번 문제는 내 문제가 아니다. 이 질문에 대해 학생들은 "이거 알아서 뭐 하려고?" 하는 반응을 보일 수 있다. 2번이라면 반응이 달라질 것이다. 내가 실제로 갈 수 있다는 실제성의 조건이 갖추어졌고, '3박 4일', '효율적'이라는 구체성의 조건이 달려있어 문제를 해결하기 위해서는 다

각도로 심도 있게 접근해야 한다. 단순한 정답 찾기 활동이 아니다. 각 교통편의 가격, 이동 시간, 나의 선호도, 내 위치, 내 상황 등을 분석하고 비교하면서 최적의 해결 방법을 찾아야 한다.

프로젝트학습은 학생들이 살면서 부딪치는 문제들을 학습 요소로 가져와 해결하는 방법이다. 교과서 안의 지식이 생활 속에서 바로 적용 가능한 지식으로 전이되어 '살아있는 지식'이 된다.

다음은 학생들의 삶과 관련이 깊은 프로젝트학습 예시이다.

〈모두가 행복한 안전한 학교 만들기〉
프로젝트질문: 어떻게 하면 우리 학교를 모두가 안전한 곳으로 만들 수 있을까?
안전의 의미와 중요성에 대해 알아본 후 내가 생활하는 공간이 안전한지 진단하고 안전한 공간으로 만들기 위한 실제적 활동(학교에 건의, 프레젠테이션, 캠페인 등)을 한 후 성찰한다.

〈기르고! 만들고! 나누고!〉
프로젝트질문: 텃밭에서 기른 작물로 건강한 간식을 만들고 나누기 위해 무엇을 어떻게 해야 할까?
텃밭에서 수확한 다양한 농작물을 활용하여 영양의 균형을 고려한 간식을 만들고, 평소 감사함을 표현하고 싶은 분들께 감사 편지와 함께 간식을 내접한다. 그 과정에서 평소에 먹는 음식이 많은 시간과 노력을 통해 만들어진다는 것을 알게 된다. 그리고 내가 음식을 맛있게 먹을 수 있도록 해주신 분들에 대한 감사함과 음식의 소중함을 느낄 수 있다.

자기주도적 학습력 향상

학생들은 프로젝트질문을 해결하기 위해 계획을 세워 실행하고 산출물을 만들어내는 과정에서 자신의 문제, 자신의 성과라는 주인 의식을 갖고 능동적으로 학습에 참여한다. 교사가 프로젝트학습을 잘 구상하여 학생들의 흥미를 유발하면 학생들은 자발적으로 학습 계획을 실천하고 프로젝트학습의 목적 달성을 위해 노력한다. 실제로 학생들과 프로젝트학습을 하다 보면 시키지 않아도 팀원들과 계획을 세워 집에서 미리 준비해 오기도 하고, 교사에게 필요한 도움을 적극적으로 요청하며, 완성도를 높이기 위해 시간을 더 달라고 조르기도 한다. 이렇게 학생들은 학습이 재미있는 것, 가치 있는 것, 즐거운 것이라는 인식을 갖게 된다. 이제 학생들은 수동적인 자세에서 벗어나 능동적인 학습참여자가 된다.

일시적으로 자기주도적 학습력이 향상된 게 아니냐고 반문할 수도 있다. 그렇지 않다. 학생들은 프로젝트학습 과정에서 탐구 문제를 심층적으로 탐구하며 자신의 성향에 맞춰 주도적으로 문제를 해결하는 경험을 하게 된다. 나의 장기를 발휘하여 산출물을 완성하고, 다양한 산출물 제작 방법을 경험하며, 실제 청중과 공유하면서 만족감을 느끼고, 나의 참여도와 학습 상황에 대한 진지한 성찰을 경험한 학생들은 학습에 대한 만족도가 높아지고 태도가 달라진다. 결국, 프로젝트학습에서 나타나는 반성적 성찰과 학습성과에 대한 높은 만족도는 학습에 대한 내재적 동기를 높여 준다. 이는 자기주도적 학습력을 신장시키는 주요 요인이 된다.

바른 인성 함양

학생들은 프로젝트학습을 하면서 서로 협동·협력하고 토의하며 문제를 해결하게 된다. 카츠와 차드는 이 과정에서 공동체 의식, 소속감, 협동심, 자유와 책임, 사회성을 기르게 된다고 하였다.

프로젝트학습은 팀 단위 활동을 주로 하게 된다. 개인이 아닌 3~5명이 협업하는 과정은 개인의 개성을 드러내는 활동보다는 자신의 의견을 타인과 조율하면서도 개개인의 장점을 살려 함께 문제를 해결하는 활동이 중요하다. 학생들은 이 과정에서 여러 갈등 상황에 놓일 수밖에 없다. 공동의 목표를 해결하기 위해서는 가장 타당한 의견에 귀기울이고 더 나은 방안을 위해 서로 설득해야만 한다. 이 과정은 의사소통에 필요한 기술을 배우는 데 도움이 된다. 이로써 올바른 인성을 배우고 자아효능감, 자신감 등 긍정적 감정을 발달시키게 된다.

인성은 저절로 형성되는 것이 아니다. 의도된 교육 안에서 다양한 경험을 통해 배우는 것이다. 학생은 교사의 인성덕목·요소 평가와 피드백을 통해 자신의 행동을 성찰하고 올바르게 수정한다. 이러한 반복적인 경험을 통해 학생은 올바른 가치를 내면화하며 바른 인성을 함양하게 된다.

다음은 프로젝트학습을 경험한 학생이 기록한 자기성찰 내용을 정리한 것이다.

학생 A는 팀에서 자신에게 부여된 역할과 과제를 수행하지 않아 다른 팀원들이 대신 과제를 수행하였다. 그 일로 학생 A는 자신이 책임과 의무를 다하지 않으면 여러 사람이 피해를 입는다는 것을 알고 학교생활에서 자신의 역할을 다하기 위해 최선을 다하게 되었다.

학업 성적이 뛰어난 학생 B는 상대적으로 성적이 낮은 교우들을 무시하며 모둠활동에 회의적이었다. 하지만 미술과 실과 중심 디자인 프로젝트학습을 진행하며 다른 팀원들에게도 그리기, 만들기, 창의적인 아이디어 등 잘하는 것이 있고 배울 점이 많다는 것을 깨닫게 되었다. 이를 통해 학생 B는 누구에게나 뛰어난 점이 한 가지씩은 있으며 이들을 존중해야 한다는 것을 알게 되었다.

〈프로젝트학습에서 인성덕목을 반영한 과정중심평가〉

영역	평가 내용	평가 방법
역량	• 책임감을 가지고 자신의 역할을 수행하는가? • 문제를 해결하기 위해 다른 팀원들을 존중하며 협력하여 활동하는가?	자기평가 관찰평가

가정, 지역사회와 연계가 이루어지는 학습법

기본적으로 프로젝트학습은 팀원들과 협력하여 탐구하고, 산출물을 가정과 지역사회와 공유함으로써 가정과 지역사회에 영향을 미치는 과정을 포함한다. 학생의 실제 삶이 바탕이다 보니 학습 공간이 교실에 머무르지 않고 학교 구석구석, 마을, 지역사회까지 확장될 수 있다. 공간뿐만 아니라 지역사회 인사나 기관의 도움을 받아 다양한 프로젝트학습을 진행할 수도 있고 프로젝트 과정과 그 결과를 지역사회에 전파할 수도 있다. 이렇게 가정, 지역사회와 함께하는 활동은 학생들에게 지식과 삶을 연결 짓는 살아있는 배움의 경험을 제공하고 공동체 구성원으로서 가져야 하는 책임과 역할을 익히는 값진 계기가 될 수 있다. 지역사회에는 지역공동체 예비 구성원의 학습을 지원하는 데 대한 관심을 높이고 지원할 수 있는 계기를 마련해 준다.

〈프로젝트학습 지역 연계 사례〉

동 · 식물 자원 관련 프로젝트학습
지역사회 ⇒ 학교
지역사회의 다양한 조언과 지원 (도구 및 장비 지원, 농업기술센터 연계 전문가 초빙 교육 등)
학교 ⇒ 지역사회
생산한 농작물 · 가축을 판매하여 지역사회에 기부

경제 관련 프로젝트학습
지역사회 ⇒ 학교
은행 견학하고 통장 만들기
학교 ⇒ 지역사회
재래시장 방문하여 합리적 소비 실천하기

프로젝트학습은 이렇게 발전했어요

프로젝트학습은 단편적인 교수·학습으로 볼 수 없는 매우 넓은 의미의 배움 과정이자 패러다임이다. 수백 년간 이어져 온 프로젝트학습은 다양한 학습 이론과 실천의 집합체라고 볼 수 있다. 프로젝트학습에 영향을 준 수많은 학자와 이론이 있지만 이 책에서는 이탈리아 예술학교, 존 듀이, 킬패트릭, 카츠와 차드를 중심으로 프로젝트학습의 발달 과정을 살펴봄으로써 프로젝트학습의 역사적 배경과 발전과정에 대해 폭넓게 이해하고자 한다.

프로젝트학습의 기원:
'프로게티'의 이탈리아 예술학교

프로젝트학습의 기원은 로마에 위치한 아카데미아 디 산 루카(Accademia di San Luca)라는 예술학교에서 찾을 수 있다. 1577년 교황 그레고리 13세가 후원한 이 학교는 건축가와 조각가를 양성하였으며 주된 교육 방법은 강의였다. 건축가와 조각가를 양성하는 교육 방법으로 강의는 적절하지 못하다. 건축과 조각 이론을 깊이 이해하는 것도 중요하지만, 더욱 중요한 것은 건축과 조각 이론을 바탕으로 작품을 만드는 것이기 때문이다.

이러한 한계를 보완하기 위해 예술학교에서 상급 학습자들을 대상으로 교회, 기념비, 궁전과 같은 모형을 만들어내는 '프로게티(Progetti)'라는 과제를 수행하게 하여 실제 작품을 만드는 기회를 제공하였다.

프로게티를 20년 동안 실시한 예술학교에서는 '프로게티 결과물 평가대회'를 개최하였다. 평가대회는 어려운 문제에 대한 해결책을 중심으로 기획되었는데 건축가와 조각가의 실제 업무가 반영되어 실제성이 있으며, 문제를 해결하는 데 학생들의 선택권이 보장되었다. 게다가 결과물을 만들어내 공개해야 하며, 평가를 통한 비판과 수정의 기회가 제공되는 점이 현재의 프로젝트학습과 매우 유사하다.

프로젝트학습의 철학적 기반: 존 듀이의 실험학교

현대적 의미의 프로젝트학습을 시도한 대표적인 인물은 미국의 철학자이자 교육학자인 존 듀이(John dewey)이다. 존 듀이는 인간을 외부환경과 관계하면서 능동적으로 상호작용하는 존재로 정의하며 그러한 경험과정을 통해 바람직한 성장을 이룰 수 있다고 보았다. 또한 능동적인 '상호작용'과 '계속적'인 발전을 통해 바람직한 성장으로 나아갈 수 있게 하는 내적 원천을 지성이라고 생각하였다. 듀이가 정의한 지성이란 끊임없는 반성적 사고(Reflecive thinking)의 과정이며, 충돌과 불일치를 조정하고 새로운 적응을 가능하게 하는 힘이다. 존 듀이는 이러한 철학과 가치관을 바탕으로 배우고 가르치는 것을 다음과 같이 정의하였다.

첫째, 학습은 학생들이 지속적인 관심을 기울이는 실제적 문제에서 출발하여, 학문과 학습 내용을 이해하는 것이다. 이는 학생의 흥미와 관심을 중요시하면서 학습활동에서 꼭 이루어져야 하는 목표와 수준에 도달해야 한다는 것을 의미한다.

둘째, 학습을 통해 실질적 문제와 관련된 다양한 과목의 학습 내용을 바탕으로 서로 소통하여 지식을 사용하고 적용할 수 있어야 한다(상황적 학습의 원칙, 과목통합의 원칙, 지식 적용의 원칙).

셋째, 더 배우고 발전하기 위해 자신이 실천한 활동과 결과물을 바탕으로 이루어지는 성찰은 매우 중요하다. 이러한 성찰이 반성적 사고이며 지성의 주요 요소이다.

넷째, 학습 내용은 삶 속에서 가치 있는 주제를 다루어야 한다. 그러기 위해서는 단순한 즐거움을 추구하는 주제가 아닌 학생의 지적, 정의적 능력을 신장시킬 수 있는 주제를 다루어야 한다.

다섯째, 학습활동에서 학생중심 교육을 지향하나, 학생의 무한한 자유에 대해서는 비판적이다. 교사보다 학생이, 학습 목표보다 학생의 의사가 더 중요하다는 진보주의 교육관에는 다소 상반되는 의견을 가지고 있다.

여섯째, 교육은 어린이의 지적, 정의적 능력을 개발하기 위해 학습 내용에 적합한 교수학습 방법을 적용해야 한다.

존 듀이의 이러한 교육관은 현대적 의미의 프로젝트학습의 기반을 다지는 계기가 되었고 킬패트릭의 프로젝트법에도 영향을 미치게 된다.
존 듀이는 본인이 정립한 교육관을 실제로 적용하고자 1896년 실험학교
(Laboratory school)를 설립하여 교육 활동을 전개하였다. 이 학교의 교육
과정은 다음과 같은 특징을 갖고 있다.

첫째, 학교의 사회화 기능을 중요시하였다. 학교를 사회 생활의 한 부
분으로 보고, 학교가 사회와 유기적 관계를 맺는 교육과정을 추구하였
다. 이를 위해 학교는 사회와의 접촉을 확대하고 심화하여 학생들이 사
회에 공헌할 수 있는 관계를 유지하도록 도왔다.

둘째, 활동중심의 교육을 중시하였다. 이를 위해 놀이·현장 견학·편
물·요리·공작·모형작업·연극·담화·토론·이야기 등 학생 스스로 활동
을 통해 배우는 방식으로 수업을 진행하였다.

셋째, 학생 개개인의 발달 수준에 적합하고 흥미를 유지하는 학습 내
용이 선정되어야 함을 강조하였다. 이를 위해 학습은 아동의 흥미에서
출발해서 학생의 다양한 감각기관을 활용하는 감각운동적 행동에 의해
이루어지도록 했다.

넷째, 배움 활동의 실제성을 강조하였다. 이를 위해 학습 내용과 활동
이 의식주의 기본이 되는 활동과 연계되어 이루어졌고, 이를 통해 인류
공통의 창조와 생산의 경험을 공유하도록 지도하였다.

1899년에 실험학교에서 근무한 교사 앤 알렌의 수업을 통해 실험학
교의 실제 교육 모습을 살펴보자.

① 마른 상품을 파는 가게를 방문한다. → 사회화 기능
② 물건을 사는 어머니를 극화한다. → 활동중심

③ 가게를 블록으로 만들고 아동은 점원·판매원·출납계 소년 등으로 역할놀이를 한다. → 실제성

④ 풀 먹인 옷을 종이 인형 위에 입힌다. → 활동중심

⑤ 여러 가지 색깔 종이로 벙어리장갑, 방한용 덧신을 만든다. → 실제성

앤 알렌의 수업을 살펴보면 학교의 사회화 기능, 활동중심 교육, 배움 활동의 실제성, 학생 개인의 발달 수준과 학습 흥미를 고려하여 수업이 이루어짐을 알 수 있다. 이처럼 존 듀이의 실험학교는 사회와 연계하여 학생의 필요와 경험을 반영한 활동을 통해 학습이 이루어지게 하였다. 실험학교는 기존의 전통적 교과목과 달리 현재의 프로젝트학습과 일맥 상통하는 수업을 추구하였음을 알 수 있다.

프로젝트학습의 체계화: 킬패트릭의 프로젝트법

존 듀이의 프로젝트학습에 대한 철학적 배경을 바탕으로 프로젝트학습을 체계화한 사람은 킬패트릭(Kilpatrick)이다. 킬패트릭은 1918년에 저서《프로젝트법(The project method)》을 통해 프로젝트의 개념과 지향점 등을 정리한 연구결과를 발표하였다. 그는 저서를 통해 프로젝트학습의 주요한 요소를 유목적적 활동(Purposeful act), 학생의 선택권(Select), 내적 동기(Mind-set)로 제시하였다. 유목적적 활동은 프로젝트에 참여하는 학생

이 스스로 목적을 정하고, 정한 목적에 필요한 활동을 계획하며 수행하는 과정에서 자연스럽게 활동에 몰두하는 것으로 보았다. 학생이 유목적적 활동을 하기 위해서는 학생의 선택권을 보장하고, 외적 동기가 아닌 내적 동기가 강화되어야 함을 강조하였다. 킬패트릭은 학생의 자발성에서 출발한 자연스럽고 자유로운 학습을 기대하였다. 킬패트릭의 주장은 1918년에서 1920년까지는 많은 교사와 학자들의 지지를 받았다. 한편으로는 프로젝트학습이 학생의 자유를 너무 강조해 학생중심 교육으로 치우친 나머지 학습 목적에 도달하지 못할 수 있다는 문제가 제기되면서 거센 비판에 직면하기도 하였다.

이후 프로젝트학습은 진보주의 교육 사조의 영향으로 1920~1950년까지 꾸준히 내·외적으로 성장하였다. 그러나 학생의 흥미와 경험을 너무 강조하여 지식의 체계성이 결여된 점, 많은 시간과 경제적 부담이 있는 점 등 프로젝트학습에 대한 문제점이 제기되었다. 아울러 1957년 소련의 스푸트니크 인공위성 발사 이후 학문중심 교육과정이 대두되면서 프로젝트학습은 점차 쇠퇴하게 되었다. 학문중심 교육과정은 지식의 구조를 강조한다. 지식의 구조란 '학문의 기저를 이루고 있는 일반적인 아이디어의 기본개념 및 원리'로 지식의 체계성을 강조하는 것이다. 프로젝트학습은 다른 교육 방법에 비해 상대적으로 지식의 체계성이 약하므로 학문중심 교육과정에서 침체될 수밖에 없었다.

시간이 흘러 1960년 말, 미국에서는 학문중심 교육과정으로 인해 지나치게 정형화된 교육과정에 대한 비판과 교육의 비인간화 현상을 우려하는 목소리가 높아졌다. 이후 1970년에 인간중심 교육과정이 등장하였다. 인간중심 교육과정은 교육의 본질을 자아실현으로 보았다. 교육은 인간의 삶 자체에 충실해야 하며, 자기 충족감이 넘치는 인간을 육성하는 데 목표를 두었다. 그리고 이전 학문적 교육과정에서 상대적으로 소홀히 다루었던 학생의 인성 개발, 지적 교육과 정의적 교육의 균형을 이루고자 하였다. 학문중심 교육과정에서 인간중심 교육과정으로의 전환은 프로젝트학습에 대한 관심과 연구의 불씨를 다시 당겼다.

프로젝트학습의 구체화:
카츠와 차드의 프로젝트 접근법

1989년 카츠(Katz)와 차드(Chard)는 지난 20년간 이루어진 프로젝트 활동 관련 연구를 광범위하게 검토했다. 그 결과 프로젝트를 기반으로 한 학습활동이 학생들의 학문적, 인지적, 정서적 발달에 매우 바람직한 영향을 미친다는 점을 《프로젝트 접근법(Engaging children's mind: project approach)》이라는 책을 통해 발표하였다. 카츠와 차드가 킬패트릭의 프로젝트법이라는 용어를 쓰지 않고 프로젝트 접근법이라는 용어를 사용한 이유는 킬패트릭이 주장하는 프로젝트와 자신들이 주장하는 프로젝트가 큰 차이가 있기 때문이었다. 킬패트릭의 프로젝트법이 프로젝트 활동 및 수업의 방향을 교육과정의 총론처럼 거시적으로 안내하는 역할에 중심을 두었다면, 카츠와 차드의 프로젝트 접근법은 교육과정의 각론처럼 프로젝트의 절차와 각 절차에서 실천해야 할 구체적인 활동을 안내하는 역할에 중심을 두었다. 간단히 정리하면 킬패트릭의 《프로젝트법》이 프로젝트학습의 이론적 방향을 거시적으로 제시하였다면, 카츠와 차드의 《프로젝트 접근법》은 프로젝트학습의 절차와 활동을 구체적으로 제시하여 일선 교사들이 쉽게 적용할 수 있도록 편의를 제공하였다.

　우리나라에서는 미국 교육의 영향과 열린 교육의 실천으로 1990년 프로젝트학습이 유아교육에서 먼저 도입되었다. 이후 우리나라 교육 현실에 알맞게 수정되어 지금 유·초·중·고등교육뿐만 아니라 다양한 분야에서 적용되고 있다.

벅 교육협회(BIE)를 소개합니다

프로젝트학습과 관련된 여러 교육단체 중 우리 저자들의 프로젝트학습 실천에 가장 큰 영향을 미친 벅 교육협회(BIE, Buck Institute for Education)를 소개하고자 한다.

홈페이지: www.bie.org

벅 교육협회는 프로젝트학습에 관한 한 가장 권위 있는 기관으로 프로젝트학습을 연구하고 교사들을 지원하는 대표적인 미국의 비영리 교육단체이다. 프로젝트학습에 관한 다양한 교육 프로그램과 교육 자료를 개발하며, 미국 전역을 비롯한 세계 여러 국가에서 매년 프로젝트학습에 관한 워크숍을 열고, 교사들에게 개별 지도를 제공한다. 학교와 지역교육청 단위로 장기적인 제도적 지원을 하고 있으며, 프로젝트학습 관련 출판물이 9개 언어로 번역되는 등 전 세계 교육자들의 신뢰를 받는 교육단체이다.

한국에는 2016년 방송된 EBS〈공부의 재구성〉에서 프로젝트학습을 위해 교사들을 훈련시키는 미국의 대표적인 기관으로 소개되었다. 그리고《프로젝트학습: 초등교사를 위한 안내》(2014, 아카데미프레스)》,《프로젝트 수업을 어떻게 할 것인가?(2017, 지식프레임)》 등의 저서를 통해 한국의 많은 교사에게 영향을 미치고 있다.

벅 교육협회의 연구 결과 중 저자들에게 가장 큰 영향을 미친 것은《GSPBL(Gold Standard PBL)》과《탐구질문(Driving question)》이다. 벅 교육협회는 2010년 ASCD의 학술지《교육리더십》에 '프로젝트 기반 학습의 7가지 필수 요소'라는 논문을 시작으로 수년간 PBL World를 비롯한 다양한 컨퍼런스, 60개 국립대학 교수진 협의회, 프로젝트학습 관련 연구단체 모임 등을 통해 진정한 프로젝트학습의 조건 8가지를 GSPBL이라는 이름으로 발표하였다.

GSPBL의 8가지는 핵심지식과 이해 및 핵심 성공역량, 어려운 문제 또는 질문, 지속적인 탐구, 실제성, 학생의 의사와 선택권, 성찰, 비평과 개선, 공개될 결과물이다. GSPBL의 8가지는 교사들에게 프로젝트학습과 유사 프로젝트학습을 구분할 수 있게 하고, 진정한 프로젝트학습을 설계하고 실천하는 데 도움을 주며, 프로젝트학습을 평가하는 기준으로 활용이 가능하다.

BIE은 프로젝트학습 과정을 위한 탐구 질문이라는 개념을 도입하였다. 탐구 질문은 프로젝트학습 전체를 관통하는 핵심이다. 학생들은 탐구 질문을 통해 문제를 파악하고 배움 활동을 구성하며, 타인과의 상호작용을 통해 탐구하고 산출물을 제작하는 등 가장 핵심적 역할을 수행한다.

배움이 빛나는
프로젝트학습의 조건

앞에서 보았듯이 프로젝트학습은 16세기 이탈리아 예술학교에서 시작되어 지금까지 꾸준히 폭넓게 활용되는 교육 패러다임이자 교수·학습 방법이다. 그렇다면 현재 학교 현장에서 적용되고 있는 프로젝트학습은 이탈리아 예술학교, 존 듀이, 킬패트릭, 카츠와 차드가 말하는 본질을 갖춘 프로젝트학습일까? 우리는 '프로젝트학습의 조건을 갖추지 못한 프로젝트학습이 많다'고 말하고 싶다. 현재 학교 현장에서 적용되고 있는 많은 프로젝트학습의 한계는 다음과 같다.

첫째, 흥미 위주의 활동만 강조하고 성취기준 도달을 소홀히 하고 있다. 프로젝트학습은 교육과정 성취기준을 바탕으로 실생활과 연계된 문제를 타인과의 상호작용을 통해 학생주도의 탐구과정을 거쳐 다양한 산출물을 만들고 그 과정과 결과에 대해 성찰하는 교수·학습 방법이므로 성취기준에 도달해야 한다. 그러나 현재 실행되고 있는 프로젝트학습은 성취기준 도달보다는 그저 흥미 있게 참여하고, 다양한 활동만 강조하는 본말전도의 형태가 많다. 프로젝트학습은 학생을 온전히 배움에 도달하게 만드는 하나의 방법이지 재미있는 활동을 위한 수단이 아니다.

둘째, 깊이 있는 탐구과정이 소홀히 되고 있다. 프로젝트학습에서 탐구는 주어진 문제나 과제를 해결하는 과정에서 일어나는 모든 활동을 말한다. 학생들이 무언가를 결정하고, 논의하고, 설명하고, 예측하고, 가설을 세우고, 점검하고, 인터뷰하고, 새로이 추진하고, 관찰이나 상상으로 이끌어 내고, 발견한 것을 보고하고, 누군가를 격려하고, 책임감을 갖고 수행하는 것을 모두 포함한다. 그러나 현재 이루어지는 대부분의 프로젝트학습에서는 단순한 조사 활동에 그칠 뿐 깊이 있는 탐구가 일어나지 않는 한계가 있다.

셋째, 배움 활동 과정에서 학생의 선택권을 기준 없이 제한하거나 무분별하게 열어주는 경우가 많다. 일부 프로젝트학습은 활동 내용과 주제에 따라 학생의 선택권이 많은 부분 제한된다. 교과의 성취기준을 바탕으로 학생의 적극적 참여를 촉진하기 위해서는 최대한 학생의 선택권을 보장하고 더욱 권장해야 한다. 그러나 현재 이루어지고 있는 프로젝트학습은 프로젝트 목적과 상관없이 과도하게 학생의 선택권을 제한하고 있다. 이보다 더 큰 문제는 학생의 선택권을 무분별하게 열어주는 것이다. 프로젝트학습의 궁극적 목표는 배움이다. 즉, 배움 활동을 통해 성취기준에 도달하게 하는 것이 가장 우선시되는 목표이다. 하지만 일부 교사들은 성취기준 도달과 무관한 활동을 선택하거나 그 활동에 관여하지 않고 방임하기도 한다.

넷째, 학생의 배움에 대한 내적 동기를 활성화하지 못하고 있다. 프로젝트학습이 학생의 실제 삶과 관련이 있거나 삶에 영향을 미칠 때 학생의 내적 동기가 활성화된다. 그러나 현재 이루어지고 있는 프로젝트학습은 학생의 삶과 관련이 적고 삶에 영향을 미치지 못하는 경우가 많아 학생의 내적 동기가 활성화되지 못하는 한계가 있다.

그렇다면 프로젝트학습이 갖추어야 할 조건에는 어떤 것들이 있을까? 어수선연구회에서는 선행 연구의 결과와 프로젝트학습을 꾸준히 실천하면서 경험적으로 체득한 결과를 바탕으로 '프로젝트학습의 조건'을 다음과 같이 제시한다.

어수선연구회가 제시한 조건에 대해 관점에 따라 이견이 있을 수 있음을 충분히 공감한다. 그럼에도 불구하고 프로젝트학습의 조건을 제시한 이유는 다음과 같다.

첫째, 프로젝트학습의 가치가 훼손되지 않기 위해서다. 교육 현장에서 프로젝트학습을 가장한 유사 프로젝트학습이 범람하고 있다. 이로 인해 가치가 훼손되어 프로젝트학습을 경시하고 폄훼하는 경향이 있다. 교육 현장에서 진정한 프로젝트학습의 조건을 기준으로 유사 프로젝트학습을 구분한다면 프로젝트학습에 대한 가치를 정립할 수 있으리라 본다.

둘째, 프로젝트학습의 설계 및 실천에 도움을 주기 위함이다. 교사는 설계하고 실천하는 과정에서 수많은 결정을 해야 한다. 예를 들어, 설계단계에서 프로젝트질문을 구성할 경우, 도입 단계에서 도입 장면을 어떻게 구성할지, 탐구단계에서 배움 내용과 관련성이 모호한 학생의 요구를 어떻게 처리해야 할지, 공유단계에서 발표회를 어떤 방식으로 지향해야 할지, 정리단계에서 의미 있는 성찰은 어떻게 해야 할지 결정하는 경우이다. 이때 우리가 정립한 프로젝트학습의 조건은 교사가 의사결정을 하는 데 도움을 주어 더 나은 프로젝트학습을 설계하고 실천할 수 있도록 실제적 도움이 된다.

셋째, 배움 활동에 대한 평가 기준으로 활용할 수 있다. 어수선연구회가 정립한 프로젝트학습의 조건을 바탕으로 배움 활동이 실제성이 있는지, 자율성은 보장했는지, 깊이 있는 탐구를 했는지, 교과 성취기준이 달성되고 있는지, 타인과 상호작용을 하고 있는지, 열린 산출물을 제작하기 위해 노력하고 있는지, 배움 활동에 적절하게 참여하였는지 등에 대해 평가할 수 있다. 이러한 평가를 통해 학생은 의미 있는 실제적 배움을 경험하고 프로젝트학습에 대한 교사의 전문성이 신장된다.

조건 1. 실제성
: 주제와 활동은 학생의 삶과 실제적 관련성이
있어야 한다

모든 교수·학습 활동이 그렇듯 프로젝트학습도 주제나 활동이 학생의 실제 삶과 관련이 있거나 삶에 영향을 미칠 때 배움 활동에 흥미와 재미를 느껴 내적 동기가 강화된다. 실제성을 갖춘 프로젝트학습을 통해 내적 동기가 강화된 학생들은 자기주도적으로 참여하고 몰입하여 목적의식적으로 활동하게 되어 유의미한 성과를 낼 수 있을 것이다.

존 듀이의 실험학교의 수업 방향은 학생들의 실제 삶과 경험에서 출발하여 학생들이 관심 있어 하는 방향으로 확산시키는 방식으로 수업의 실제성을 갖추었다.

그렇다면 우리는 어떻게 실제성을 갖추어야 할까?

첫째, 프로젝트학습의 주제와 활동이 학생의 실제 삶과 관련이 있어야 한다. 교사는 프로젝트학습을 설계할 때 학생의 실태를 파악하고 학생들이 관심 있어 하는 문제들을 분석한 후 학생의 삶과 가장 밀접한 문제와 관련된 교육과정 성취기준을 분석하여 설계해야 한다. 예를 들어 안전 사고가 많은 학교와 지역이라면 안전한 학교와 우리 지역의 교통 문제 해결 등을 주제로, 학교나 가정생활에서 불편한 점이 있다면 생활에 불편함을 개선해주는 아이디어 및 산출물 제작을 주제로 프로젝트학습을 설계하여 실천한다면 실제성을 갖출 수 있다.

둘째, 프로젝트학습을 통한 배움 과정과 내용이 학생의 실제 삶에 영향을 미쳐 변화를 일으킬 수 있어야 한다. 배움 과정과 내용이 학생들의 배움 활동과 관련된 성찰과 삶의 변화를 이끌어 내지 못한다면 실제성 없는 단순한 배움과 크게 다를 바 없을 것이다. 경제동물 및 텃밭에 농작물 기르기 프로젝트학습을 통해 학생들은 내가 쉽게 이용하는 경제동물과 농작물이 힘든 과정을 통해 나에게 온다는 것을 이해하고 음식을 남기지 않고 골고루 먹는 습관을 기를 수 있다. 우리 학교 언어사용 실태 조사 프로젝트학습을 통해 비속어와 욕설 사용의 심각성을 인지하고 바른 언어생활을 실천하기 위해 노력하는 태도를 가질 수 있다.

실제성을 갖춘다면 학생들은 프로젝트학습에 관심과 흥미를 가지고 능동적·유목적적인 몰입을 통해 유의미한 성과를 얻고 이후 실제 삶에 변화가 생기게 된다.

조건 2. 자율성
: 학생의 선택권 보장 정도는 다양한 요소를 고려하여 결정해야 한다

산출물의 형태, 학습 순서, 활동 내용 등에 대한 학생들의 선택권을 보장해야 학생들이 자기주도적으로 참여한다. 프로젝트학습에서 학생의 선택권을 어느 정도까지 보장해야 하는지를 결정하는 것은 매우 중요하다.

가르쳐야 하는 내용이 교육과정 성취기준으로 제시된 우리나라 교육 현실에서는 학생의 선택권을 제한 없이 보장하기 어렵고, 학생의 선택권을 마냥 제한하여 교사의 의도대로 진행하는 것도 프로젝트학습의 조건에 맞지 않는다.

그렇다면 프로젝트학습에서 학생의 선택권을 어느 정도 보장해야 할까? 어수선연구회가 찾은 답은 '자율성'을 바탕으로 학생의 선택권 보장 정도를 결정한다는 것이다. 표준국어대사전에서 자유는 '외부적인 구속이나 무엇에 얽매이지 아니하고 자기 마음대로 할 수 있는 상태'이며, 자율은 '남의 지배나 구속을 받지 아니하고 자기 스스로의 원칙에 따라 어떤 일을 하는 일'이다. 자유와 자율은, 자신이 원하는 것을 한다는 점에서는 같다. 그러나 자유는 외부의 아무런 제약 없이 자신이 원하는 것을 하는 반면, 자율은 합의된 원칙에 따라 행동한다는 점에서 분명한 차이점이 있다. 따라서 아래에 제시된 합의된 원칙을 바탕으로 선택권을 최대한 보장해야 한다.

첫째, 학생들이 제안한 배움 활동은 교과의 성취기준 도달에 적합한가?
둘째, 학생들이 제안한 배움 활동은 프로젝트질문 해결에 도움이 되는가?
셋째, 학생들이 제안한 배움 활동은 프로젝트에 대한 학생의 관심과 흥미를 유지하는 데 도움이 되는가?
넷째, 학생은 프로젝트학습을 얼마나 경험하였는가?
다섯째, 학생의 인지적, 정서적, 행동적 특성은 어떠한가?

프로젝트학습에서 학생의 선택권 정도를 결정하는 문제는 프로젝트학습에 대한 교사의 전문성을 드러내는 부분이다. 만약 프로젝트학습에 참여한 학생이 인지적으로 우수하고, 긍정적인 태도를 갖추었으며, 프로젝트학습을 여러 번 경험하였다면 선택권을 높게 보장해야 한다. 이와 반대라면 선택권을 낮게 보장하고, 교사의 지속적인 피드백을 통해 학생이 프로젝트학습에 몰입할 수 있도록 해야 한다.

가장 중요한 교사의 역할은 설계하는 단계부터 학생의 입장에서 고민하고 계획하는 것이다. 학생의 선택과 인지 수준을 고려하여 자발적으로 참여하도록 유도하는 것이 교사의 전문성이라고 할 수 있다.

조건 3. 탐구성
: 의미 있는 '탐구'가 이루어져야 한다

다음은 프로젝트학습에 관한 대표적인 학자와 단체가 제시한 프로젝트와 프로젝트학습의 개념을 정리한 것이다. 이들은 프로젝트학습의 핵심적인 조건으로 탐구(Inquiry)를 공통적으로 강조하고 있다.

카츠와 차드(2000)	한 반의 전체, 소집단 또는 개별 학생이 이행하는 특정 주제에 대한 깊이 있는 탐구
이명조(2010)	특정 주제에 대한 깊이 있는 탐구
교육개선국제기구(2000)	학생들이 서로 협력하여 다양한 학문적 또는 직업과 관련된 문제를 해결하며, 직접 설계, 수행, 조사, 보고서 작성을 하는 과정을 통해 보다 폭넓은 지식과 기술을 습득하는 것
벅교육협회(2004)	학생들이 교육과정을 기반으로 하며 실생활과 관련된 프로젝트를 협력하여 조사하고 탐구하는 과정을 통해 추상적이고 지적인 과제들을 보다 깊이 있게 학습하는 것

탐구를 인터넷이나 책에서 정보를 찾는 조사 활동으로 한정하는 경향이 있다. 그러나 프로젝트학습에서의 탐구는 프로젝트질문을 해결하기

위한 모든 유목적인 활동을 말한다. 탐구란 학생들이 무언가를 결정하고, 토의하고, 토론하고, 설명하고, 예측하고, 가설을 세우고, 점검하고, 인터뷰하고, 체험하고, 방문하고, 새로이 추진하고, 관찰하고, 누군가를 격려하고, 만들고, 보고하는 것을 모두 포함한다.

그렇다면 프로젝트학습의 탐구는 어떻게 이루어져야 할까?

첫째, 학생이 자기주도적이고 적극적으로 참여해야 한다. 배움 활동에 참여하는 학생이 프로젝트학습의 목적, 과정, 의미를 깊이 있게 이해하고 참여할수록 자기주도적이고 적극적으로 참여한다. 이를 위해 교사는 도입단계에서 학생들이 프로젝트학습의 목적, 과정, 의미에 대해 충분히 공감할 수 있게 해야 한다. 그리고 배움의 전 과정에서 학생들이 자기주도적이고 적극적으로 탐구할 수 있도록 꾸준한 관찰과 피드백을 제공해야 한다.

둘째, 주어진 활동 또는 과제를 해결하는 데 적절해야 한다. 특히 재미와 흥미를 위한 탐구 활동이나 활동 또는 과제와 무관한 탐구 활동은 항상 경계해야 한다.

셋째, 다른 사람과의 상호작용을 통해 이루어져야 한다. 도입단계부터 정리단계까지 동료 학생, 교사, 학부모와 다양한 형태(토의·토론, 관찰, 현장 체험 등)의 상호작용이 이루어져야 한다. 지속적이고 상호작용적인 탐구는 교과의 성취기준에 제시된 지식, 기능, 태도에 대한 학습을 보장한다. 탐구과정에서 고민해야 할 점은 일부 학생들의 무임승차에 대한 문제이다. 원활한 배움 활동을 위해서는 학생 개개인이 자신이 맡은 일을 책임감 있게 해결해야 한다. 배움 활동에서 개인의 책무성을 다하지 못하면 성장할 기회를 갖지 못한다. 또한 다른 모둠원에게 피해를 주고,

다른 모둠원이 프로젝트학습을 싫어하게 만들기도 한다. 때문에 일부 학생의 무임승차에 대해 교사는 관심을 기울여야 한다.

무임승차를 예방하기 위해 교사는 배움 활동 전 과정에서 적절한 시기에 적절한 방법으로 책무성을 강조해야 한다. 이를 돕기 위해 프로젝트학습 계획 단계에서 계약서를 쓰거나 반 전체 또는 모둠 단위에서 공언하기 등을 할 수 있다.

조건 4. 학습성
: 관련 성취기준을 제대로 배워야 한다

초등학교에서 프로젝트는 정규교육과정과 연계하여 실시하는 '프로젝트학습'과 정규교육과정과 연계하지 않고 자유롭게 실시하는 '프로젝트 활동'으로 구분할 수 있다. 정규교육과정을 이루는 교과와 창의적 체험활동을 바탕으로 이루어지는 프로젝트학습에서는 교과의 성취기준에 대한 학습이 이루어져야 한다. 그러나 현재 이루어지는 대부분의 프로젝트학습은 학생의 흥미와 단순한 활동만 지나치게 강조하여 교과의 성취기준과 관련된 지식, 기능, 태도에 대한 학습이 소홀하다는 한계가 있다. 프로젝트학습에서는 가르쳐야 할 내용과 배워야 할 내용이 있다. 그러므로 프로젝트학습을 실천할 때 교사는 가르쳐야 할 내용을 제대로 반영하여 설계되었는지 살피고, 학생이 배워야 할 내용을 제대로 배웠는지도 살펴야 한다.

학습이 제대로 이루어졌는지 확인할 수 있는 대표적인 절차로는 공유단계에서 요약하기와 평가하기가 있다.

먼저 공유단계에서 요약하기는 글쓰기, 마인드맵, 비주얼씽킹과 같은 기법으로 학습 주제와 프로젝트질문을 중심으로 요약하기를 하는 것이다. 이와 같은 활동을 통해 프로젝트학습 전체 내용에 대해 정리할 기회를 가질 수 있다. 이때, 배움을 통해 성장한 학생은 자기주도적으로 배움 내용을 정리하는 시간을 가질 수 있고, 배움에 지원이 필요한 학생은 이 기회를 통해 어려워하는 부분을 보완하고 오류를 수정할 수 있다.

공유단계에서 평가하기는 성취기준에 맞는 서술형, 논술형 평가 등을 실시하여 성취기준에 도달했는지를 판단한다. 평가 후 성취기준에 도달하지 못하면 피드백을 통해 성취기준에 도달하도록 도와야 한다.

〈명시적 학습과 잠재적 학습〉

프로젝트학습에서 학습은 명시적 학습과 잠재적 학습으로 나눌 수 있다. 명시적 학습은 프로젝트학습과 관련된 교과의 성취기준과 관련된 지식, 기능, 태도 측면에서 명시적으로 학습이 이루어지는 것을 말한다. 잠재적 학습은 자기주도적 능력, 소통 능력과 같은 핵심역량 신장과 배려, 협동, 절제와 같은 인성 함양이 잠재적으로 일어나는 것을 말한다.

조건 5. 상호작용성
: 친구, 선생님, 부모님과 함께 프로젝트질문을 해결한다

프로젝트학습에서는 다양한 사람과 다양한 유형의 상호작용이 일어난다. 설계단계에서 주제에 대해 동료 교사와 협의하는 활동, 도입단계에서 활동을 구성하기 위해 교사와 학생, 학생과 학생이 이야기 나누는 활동, 탐구단계에서 프로젝트질문을 해결하기 위해 토의하는 활동, 공유단계에서 발표자와 청중이 이야기 나누는 활동, 정리단계에서 프로젝트 참여 과정과 결과에 대해 이야기 나누는 활동 등이 있다.

프로젝트학습에서 상호작용이 중요한 이유는 무엇일까? 첫째, 어려운 문제를 쉽게 해결하는 데 도움이 되기 때문이다. 프로젝트학습의 이론적 기반인 사회적 구성주의는 자신의 현재 수준보다 조금 어려운 문제를 해결하기 위해 자신보다 뛰어난 사람과의 상호작용을 통해 문제를 해결하는 '비계'를 강조한다(읽을거리 47쪽 참고). 유능한 타자의 도움은 어려운 문제를 쉽게 해결하는 데 도움이 된다. 둘째, 인성 함양에 기여하기 때문이다. 프로젝트학습에서는 공동의 사고, 협업, 소통과 같은 상호작용을 통해 서로 의견을 조율하고 다지는 과정에서 인성이 함양된다.

여기서 유의할 점은 프로젝트학습의 상호작용성은 상호작용을 위한 상호작용이 아니라 서로가 더 잘 배우고 서로에게 도움이 되는 상호작용이 되어야 한다는 것이다.

사회적 구성주의

사회적 구성주의는 사회적 교류와 협력으로 학습이 이루어진다는 입장이다. 학교 내외의 협력적인 사회적 교류와 지식의 사회적 구성을 통한 학습을 지향한다. 의미 있는 학습을 위해서는 실제적 과제와 맥락을 중심으로 학습이 이루어져야 함을 강조한다. 사회적 구성주의를 주장하는 학자들은 비계, 근접발달영역, 유능한 타자라는 개념으로 교수학습 상황을 설명한다.

1. 근접발달영역(ZPD)과 비계

학생이 어떤 일을 해결하려 할 때, 남의 도움 없이 스스로 해결할 수 있는 일(실제적 발달 수준)과 스스로 해결할 수 없지만 유능한 타자의 도움을 받아 해결할 수 있는 일(잠재적 발달 수준)이 있다. 스스로 해결할 수 없지만 유능한 타자의 도움을 받아 해결할 수 있는 영역을 근접발달영역(ZPD)이라고 한다. 어떤 학생이 혼자서는 100 정도를 할 수 있고, 선생님이나 뛰어난 친구의 도움을 받아 200 정도를 할 수 있다고 하자. 100은 실제적 발달 수준이고, 200은 잠재적 발달 수준이며, 100에서 200 사이가 근접발달영역이 된다. 근접발달영역은 학생이 스스로 할 수 있는 문제에서 유능한 타자의 도움(비계)을 받아 혼자서 해결하기는 조금 어려운 문제에 대한 학습을 추구하는 교육 패러다임을 가져오게 되었다.

2. 구성주의를 기반으로 한 프로젝트학습 실천

첫째, 깊이 있는 탐구 활동으로 지식을 습득한다. 학생들은 프로젝트학습을 통해 배워야 할 지식이 있다. 이런 지식은 교사가 숟가락으로 떠서 먹여주는 주입식 지식이 아니다. 자신이 문제를 설정하고 문제를 해결하기 위해 깊이 있는 탐구 활동을 통해 지식을 습득하도록 지도해야 한다.

둘째, 지식 습득 과정에서 사회적 상호작용을 해야 한다. 학생들은 깊이 있는 탐구 활동으로 지식을 형성하는 데 머물지 말고 다른 사람과 상호작용하면서 틀린 지식은 없는지, 지식 형성 과정에 문제는 없는지 끊임없이 성찰해야 한다. 자신보다 우수한 타자와 다양한 상호작용을 통해 가르치면서 배우는 과정도 경험해야 한다. 이런 과정을 통해 지식의 상대주의나 독단주의에서 벗어나야 한다.

셋째, 실제적인 과제와 상황을 중시해야 한다. 학생들이 자기주도적으로 지식을 형성하고 습득하기 위해서는 배우는 내용이 자신의 삶과 관련이 있어야 한다. 그러므로 프로젝트 주제, 배움 활동 등을 실제적인 과제와 상황 속에서 설정해야 한다.

조건 6. 열린 산출성
: 다양한 산출물을 공유할 기회를 제공한다

프로젝트란 일정한 기간 동안 탐구하고 실천하여 보고서 등의 산출물을 만들어내는 것을 의미한다. 프로젝트를 기반으로 배움 활동을 전개하는 프로젝트학습에서도 산출물을 만들고 공유하는 것은 핵심 과정이라고 할 수 있다.

프로젝트학습은 산출물의 형태를 다양하게 열어 놓고 있다. 예를 들어 학급환경구성 프로젝트학습의 결과물인 모빌, 연극 프로젝트학습의 결과물인 연극 공연뿐만 아니라 학교 급식 순서 프로젝트학습의 결과로서 급식 순서가 바뀐 것도 산출물로 보고 있다.

산출물 형태	구체적 모습	산출물 형태	구체적 모습
프레젠테이션	- 연설 - 발표 - 토론 - 강의	계획서	- 사업계획서 - 제안서
글쓰기	- 보고서 - 편지 - 책자 - 대본	공연	- 연극(뮤지컬) - 행사
미디어 · 시각자료	- 영상(UCC) - 포토앨범 - 그림(만화) - 웹사이트 - 어플리케이션	기타	- 동식물 키우기 - 자기성찰일기
구조물	- 모형 - 기구 - 발명품 - 정원 - 건축물		

프로젝트학습 산출물은 다양하고 적절한 형태로 공유되어야 한다. 지역사회의 쓰레기 문제에 대한 산출물을 지역 인사를 대상으로 발표회를 하거나 지역신문에 신문 기사를 투고하는 방식으로 공유하고, 학부모 대상 연극공연이나 재능기부 연극공연 형태로 공유할 수 있다.

교육과정 성취기준에 산출물의 형태가 제시되지 않았다면 학생들이 산출물 형태를 결정할 수 있도록 결정권을 최대한 보장하는 것이 프로젝트학습의 정신에 부합한다.

조건 7. 평가성
: 참여 과정과 결과에 대해 평가하여
학생의 성장과 발전을 촉진한다

평가는 과정 평가, 결과 평가, 성찰 평가로 구분할 수 있다.

먼저 과정 평가는 배움 활동에 참여하는 학생들을 관찰하고 어려워하는 부분이 있으면 도움을 제공하고, 중간 발표회에서 프로젝트 결과물에 대해 평가하고 적절한 피드백을 제공하며, 배움 활동에 참여하는 태도를 평가하여 프로젝트학습에 더욱 몰입하도록 지속적으로 피드백을 제공한다.

결과 평가는 대부분 산출물 공유를 통해 이루어진다. 결과 평가는 모둠의 산출물을 대상으로 평가가 이루어지기 때문에 산출물 제작이 시작되기 전에 평가 기준을 미리 제시해야 한다.

성찰 평가는 참여자 자신의 학습성과와 태도를 성찰하고, 성찰한 내용을 바탕으로 다음 프로젝트학습에서 더 나은 참여를 하기 위한 평가이다. 평가 방법은 배움 활동 주제와 활동에 따라 자기평가, 동료평가, 교사평가, 전문가평가, 청중평가 등이 적절하게 이루어져야 한다. 그리고 평가를 평가로 끝내지 말고 효과적으로 피드백을 제공하여 성취기준 도달 및 역량 향상에 도움이 되어야 한다.

지금까지 어수선연구회에서 제시한 프로젝트학습의 7가지 조건에 대해 살펴보았다. 이러한 조건은 상호 간에 영향을 주고받는다. 따라서 프로젝트학습의 7가지 조건을 모두 반영하기 위해 노력해야 한다. 프로젝트학습을 설계하고 실천할 때 7가지 조건이 모두 갖추어지는 것이 가장 바람직하다. 하지만 실제로 프로젝트학습을 설계하고 실천하다 보면 학생의 실태와 교육과정의 성취기준으로 인해 일부 조건을 반영하지 못하는 상황이 발생하게 된다. 예를 들어 프로젝트학습을 처음 접하는 학급이라면 프로젝트학습에 능숙한 학급보다 자율성이 제한될 수 있으며, 교육과정 성취기준에 산출물 형태가 제시되어 있으면 열린 산출성이 제한될 수 있다. 때문에 프로젝트학습 설계단계에서 끊임없이 교육과정과 실태를 분석하고 학생의 수준을 고려하며 학생의 반응을 예측하여 프로젝트학습을 디자인해야 한다.

여러 학자가 제시하는 프로젝트학습의 조건

존 듀이, 킬패트릭, 헬렘과 차드, 존 라머 외, 이성대 외가 제시한 프로젝트학습 조건은 다음과 같다. 어수선연구회가 제시한 프로젝트학습의 조건과 비교해보면 프로젝트학습에 대해 더욱 깊이 이해할 수 있을 것이다.

학자	프로젝트학습 관련 요소
존 듀이	경험 반성적 사고
킬패트릭 (1918)	유목적적 활동 선택권 교육 내용의 심리적 측면 내적 동기
헬렘과 차드 (2011)	심층적 탐구 학생의 주도적 참여 교사의 지도 의미 있는 작품의 자율적 구성 학생의 주도성 학습에 대한 내적 동기 유발 및 지속
존 라머 외 (2017)	핵심지식과 이해＆핵심 성공역량 어려운 문제 또는 질문 지속적인 탐구 실제성 학생의 의사와 선택권 성찰 비평과 개선 공개할 결과물
이성대 외 (2015)	주제 선정 조사와 탐구의 과정 다양한 텍스트의 활용 수업 방법의 다양화 공동작업과 협력적 리더십 표현과 공유

PART

:2:

어수선이 말하는
프로젝트학습의 기초

프로젝트학습이라는 용어는 익숙할 것이다. 하지만 프로젝트학습이라는 용어가 잘못 사용되는 경우가 많다. 교육의 만병통치약으로 모든 교사가 당연히 해야만 하는 교육법이라고 말하는 경우도 많다. 그러면서 교사들 사이에서 프로젝트학습에 대한 오해로 약간의 반감도 생긴 것 같다. 홍수에 마실 물 없다고, 어디를 가든 프로젝트학습을 이야기하는 지금, 제대로 된 프로젝트학습이란 무엇일까?

이번 장에서는 프로젝트학습에 대한 오해를 풀어보고 성공적으로 계획하고 실행하기 위해 교사는 무엇을 알고 어떻게 준비해야 하는지 살펴보고자 한다.

프로젝트학습, 오해와 진실

　1990년 이후 카츠와 차드의 프로젝트 접근법이 유아교육에 적용된 이후 다양한 형태의 프로젝트학습이 초등교육에 적용되기 시작했다. 2010년 이후 경기도 및 전라북도 일부 혁신학교에서 프로젝트학습이 연구되기 시작하고 2015 개정 교육과정에서 대표적인 학생참여형 수업으로 강조가 되면서 본격적인 전성기가 시작되었다. 시중의 많은 책과 교사 대상 연수에서는 프로젝트학습이야말로 미래 교육의 꽃이며 교육의 만능열쇠인 것처럼 소개한다. 그러한 책과 연수를 접한 교사들은 프로젝트학습을 지식보다는 흥미 위주의 활동이라고 생각하기도 하고 직접 교수는 절대 해서는 안 되는 금기로 여기기도 한다. 하지만 이것들은 모두 오해이다. 지금부터 프로젝트학습에 대한 8가지 오해를 살펴본다.

오해1
프로젝트학습은 만능이다

시대의 상황과 국가의 시책에 의해 수많은 교육법(학습모형, 교육철학 등)이 피고 지고를 반복하고 있다. 과거의 열린교육, 영어몰입교육 등이 그 대표적인 예이다. 팔팔 끓었다 식어버린 냄비에 비유하는 것이 적절할 것이다. 프로젝트학습의 미래는 아무도 모르지만, 현재 프로젝트학습을 포함한 학생참여형 수업은 무시할 수 없는 우리나라 교육의 큰 흐름이 되었다. 이런 흐름에 몸을 맡긴 사람들은 프로젝트학습 만능론을 설파한다. 심지어 강의 형태의 전통적 교수법을 고집하고 있는 교사들을 발전이 없는 구식이라고 매도하기도 한다. 어수선연구회는 이러한 의견에 동의하지 않는다. 워렌 버핏과 빌게이츠는 자신의 생각을 다른 사람에게 어떠한 형태로 전달해서 영감을 주는가? 유명 인사가 대학 강단에 섰을 때 어떻게 배움이 일어나는가? 우리는 위인이나 유명 인사의 강의를 통해 배움과 깨달음을 얻는다. 프로젝트학습은 학습의 한 형태(학습패러다임)일 뿐 만병통치약은 아니다. 어떤 하나의 만병통치약이 있어 모든 교실, 모든 학생, 모든 교사에게 적용될 수 있다면 우리는 지금처럼 매일 배움에 대해 고민하지 않을 것이다. 단 하나의 해결책은 없으므로 교사는 항상 고민하고 어떤 학습 형태가 가장 효과적일지 선택하는 문제에서 교사의 전문성이 발휘된다. 우리는 균형 잡힌 시선과 교육적 철학을 바탕으로 학생실태, 학교와 지역 여건 그리고 성취기준을 고려하여 최적의 교수·학습 방법을 찾아 다양한 형태로 적용해야 한다.

학교 현장에서 적용될 수 있는 교수학습 기법	
• 강의식	• 플립러닝(거꾸로수업)
• 하브루타 등 토의 · 토론	• 문제중심학습
• 프로젝트학습	• 협동학습 등

효과적이고 유용한 교수학습 기법은 상황에 따라 달라질 수 있다.

오해 2
프로젝트학습은 일반적인 주제중심 통합수업이다

2015 개정 교육과정에서 추구하는 인간상은 '바른 인성을 갖춘 창의 융합형 인재'이다. 창의융합형 인재 양성을 위해 2015 개정 교육과정에서는 토의·토론, 협력학습과 함께 프로젝트학습을 대표적인 학생참여형 중심 수업으로 명시하고 있다. 프로젝트학습은 실제적인 문제나 의도된 학습과제를 중심으로 자기주도적 탐구와 경험을 통해 배워야 할 지식과 핵심역량을 학습하게 하는 교수 방법이다. 일반적인 주제중심 통합수업과 프로젝트학습은 교과 간 또는 교과 내에서 핵심개념을 중심으로 공통성 혹은 관련성을 가지는 내용을 통합하여 교수학습을 실시한다는 공통점을 가지고 있다. 그러나 겉보기에는 비슷해 보이지만 면밀하게 들여다보면 프로젝트학습과 주제중심 통합수업은 몇 가지 차별점이 존재한다.

첫 번째로 차별화된 점은 학생의 선택권을 고려한 주제와 학습 내용 선정이다. 일반적인 주제중심 통합수업은 교사가 학습 내용이나 활동을 미리 정하고 교사 주도로 활동을 이끌어 나가지만 프로젝트학습은 학생

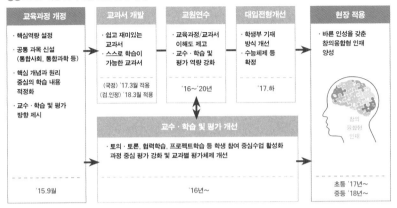

○○ **2015 개정 교육과정 현장 안착 체계도**

교육과정 개정	교과서 개발	교원연수	대입전형개선	현장 적용
· 핵심역량 설정 · 공통 과목 신설 　(통합사회, 통합과학 등) · 핵심 개념과 원리 　중심의 학습 내용 　적정화 · 교수 · 학습 및 평가 　방향 제시	· 쉽고 재미있는 　교과서 · 스스로 학습이 　가능한 교과서 (국정) '17.3 적용 (검.인정) '18.3월 적용	· 교육과정/교과서 　이해도 제고 · 교수 · 학습 및 　평가 역량 강화 '16～'20년	· 학생부 기재 　방식 개선 · 수능체제 등 　확정 '17.하	· 바른 인성을 갖춘 　창의융합형 인재 　양성

교수 · 학습 및 평가 개선

· 토의 · 토론, 협력학습, 프로젝트학습 등 학생 참여 중심수업 활성화
　과정 중심 평가 강화 및 교과별 평가체제 개선

'15.9월　　　　　　　　　　　'16년～　　　　　　　　초등 '17년～
　　　　　　　　　　　　　　　　　　　　　　　중등 '18년～

출처: 교육부

의 자율성이 보장된다는 것이다. 프로젝트학습에서 학생들은 프로젝트 질문 해결을 위하여 필요한 활동을 교사와 함께 구성하고 공유하며 스스로 만들어나간다. 교사는 학생이 제안한 활동에 대해 주어진 시간이나 프로젝트학습의 흐름, 성취기준 달성에 무리가 없다면 선택권을 보장하고 수용하여 활동을 구성한다. 일반적인 주제중심 통합수업과 다르게 프로젝트학습에는 유연함이 있다.

두 번째로 차별화된 점은 프로젝트학습에서는 목표를 달성하기 위해 활동 전체를 관통하는 프로젝트질문(Driving question)이 존재한다. 프로젝트질문은 교사에게는 이끌어야 할 방향을 제시하고 학생들에게는 활동 방향을 안내해 주는 일종의 활동목표이다. 구슬이 서 말이라도 꿰어야 보배가 되듯이 프로젝트질문은 분절된 활동들을 자연스럽게 연결해 주는 실과 같은 역할을 하는 동시에 학생들이 목표에 도달하도록 안내해 주는 이정표 역할을 한다.

배움이 빛나는 프로젝트학습　　　　　　　　058

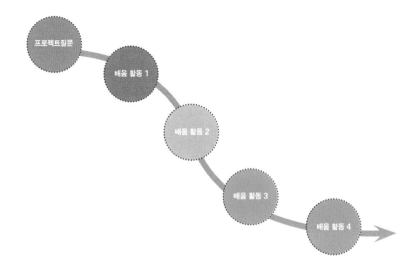

프로젝트질문 없이 진행되는 주제중심 통합수업의 경우에는 여러 차시를 전개하지만 각 차시를 하나의 맥으로 엮어주는 것이 미약하기 때문에 학생들은 어떤 목표를 가지고 수업에 참여하고 있는지 모를 때가 많다. 목표가 뚜렷하지 않으면 학생들은 그저 교사의 지시에 따라 참여하게 되고 우리가 원하는 배움은 일어나지 않는다.

일반적인 주제중심 통합수업과는 다르게 프로젝트학습에서는 학생들에게 프로젝트질문을 안내하고 활동 중 피드백을 통해 프로젝트질문 해결을 위한 방향성을 가지고 유의미한 활동을 하게 한다. 이 같은 목표를 안내받은 학생들은 프로젝트질문 해결을 위한 탐구 과정과 산출물 제작을 위해 프로젝트학습에 몰입할 수 있다.

오해 3
프로젝트학습은 지식을 경시하고
활동만 중요시한다

킬패트릭을 떠올려 보자. 학생의 선택, 내적 동기를 중시한 인간중심의 교육으로 신선한 반향을 일으켰지만 지식의 가르침보다는 아동의 흥미와 경험에 과잉 의존한 나머지 교육의 균형이 무너져 쇠퇴해 버렸다. 오랜 기간 인류가 쌓아 올린 지식을 경시한 채 무조건 학생의 흥미와 선택에만 맡기고 교사는 단순 안내자의 역할에 머물렀기 때문이다.

뉴턴은 "만약 내가 다른 사람들보다 더 멀리 볼 수 있었다면 그것은 바로 거인의 어깨 위에 올라섰기 때문"이라는 명언을 남겼다. "거인의 어깨"란 수천 년간 인류가 쌓아온 지식이다. 프로젝트학습은 지식의 기반 위에 실제적인 경험과 성찰을 통해 창의융합 사고력을 기르는 교육 방법이다. 지식의 기반이 없다면 배움은 일어날 수 없으며 창의융합 사고력이 깊어질 수 없다. 예를 들어보자. A 교사는 학생들과 실태를 조사하여 그 결과를 백분율을 활용하여 그림그래프로 나타내는 프로젝트학습을 실시하려 한다. A 교사는 백분율을 구하는 방법, 그림그래프의 특성 등 배경지식을 가르치지 않은 채 프로젝트학습을 진행한다. 어떤 일이 일어날까? 이미 선행학습을 한 학생은 프로젝트학습 활동을 구성하여 프로젝트질문 해결을 위해 일련의 탐구 과정을 진행할 것이다. 하지만 백분율에 대한 배경지식을 습득하지 못한 대부분의 학생들은 무엇을 어떻게 해야 할지 몰라 프로젝트학습 과정 내내 방관자가 되고 무임승차자가 될 수밖에 없다. 이런 학생들에게는 프로젝트학습에 투자된 모든 시간이 무의미할 것이고 프로젝트학습에 대한 부정적인 시선만 남을 것이다. 학교는 이런 공간이 되어서는 안 된다.

A 교사는 교사 스스로가 학생들의 출발선(지식 습득)을 불공평하게 설정해 놓는 치명적인 실수를 저질렀다. 불공평한 기준을 제시한 A 교사의 평가가 신뢰성이 있을까? 프로젝트학습 활동 중 학생들의 배경지식을 충분히 활성화시키고, 학생 스스로 프로젝트질문 해결과 관련된 지식의 필요성을 느끼고 배울 수 있도록 교사는 프로젝트학습 계획을 세우고 진행할 때 끊임없이 고민해야 한다. 때로는 프로젝트학습 과정 안에서 강의식 수업으로 필요한 지식을 전달할 필요도 있는 것이다. 프로젝트학습을 위한 프로젝트학습이 아닌 학생의 배움을 위한 프로젝트학습이기에 배움을 위해 적합한 학습 방법을 활용해야 한다. 프로젝트학습의 궁극적 목표는 학생의 자기주도적인 배움 활동을 통한 성취기준 도달이다.

오해 4
프로젝트학습은 고학년이나 우수한
학생만을 위한 것이다

우리나라에서는 유치원에 다니는 원아들에게 프로젝트학습이 처음 적용되었다. 지금은 유치원부터 대학에 이르기까지 프로젝트학습이 활발하게 이루어지고 있다. 물론 고학년 학생들보다 저학년 학생들에게 더 많은 안내와 비계 제공, 피드백이 필요할 것이다. 교사는 학생의 실태에 맞추어 끊임없이 지원 전략을 연구하고 적절한 도움을 제공해야 한다.

실제로 프로젝트학습이 하위권 학생에게 도움이 된다는 연구 결과도 있다. 교사가 치밀한 설계를 한다면 프로젝트학습은 모든 학생에게 효과적일 수 있다.

> 프로젝트학습이 인지역량에 미치는 영향을 검증한 결과 국어 과목의 경우 하위권 학생들을 중심으로 다소 개선되는 경향이 발견되었다. 이러한 결과 학생들의 활발한 수업 참여를 독려하는 프로젝트학습이 자발적 학업 동기가 높은 상위권 학생들보다는 전통적인 강의식 수업에 흥미를 느끼지 못하고 수업 시간 중 소외되기 쉬운 하위권 학생들에게 더 큰 효과가 있다고 해석할 수 있다.
>
> 출처: 이주호(2017). 프로젝트학습을 통한 교육개혁. KDI.

오해 5
프로젝트학습을 위해서는
시수를 늘려야 한다

프로젝트학습은 형태에 따라 짧게는 며칠, 길게는 몇 주가 걸리기도 한다. 그렇다고 시수를 늘려야 할까? 프로젝트학습은 기존의 학습 시간에 새로운 시간을 더하는 것이 아니라 기존의 학습 내용을 편성하여 교육과정 내에서 실행하며 성취기준을 달성하는 일련의 과정이다. 교과서에 제시된 분절적인 내용이 아니라 긴 호흡으로 가르치고 배우지만 필요로 하는 시간은 크게 차이가 없다. 같은 시간에 기존의 수업보다 학생 중심의 심도 있는 배움이 가능하다. 물론 교육과정과 실태를 분석하여 프로젝트학습 주제를 선정하고 설계하는 교사의 준비과정은 기존의 전통적 교수·학습 방법에 비해 많이 소요된다. 교사의 준비 시간은 프로젝트학습을 반복해서 실천할수록 짧아지고 투자하는 노력 또한 줄어든다.

성취기준을 중심으로 기존의 학습 내용을 바탕으로 차시 증감 없이 편성하였다. 학생과 교사 모두 교과서에 대한 맹목적 의지에서 벗어날 수 있어야 다양한 주제에 맞는 프로젝트학습이 가능하다.

〈프로젝트학습 구성 예〉

〈국가수준〉

단원	차시	차시 학습 목표
7. 우리말을 가꾸어요	1-2	자신의 언어생활을 점검할 수 있다.
	3-4	우리말 사용 상태를 알아볼 수 있다.
	5-6	우리말 사용 실태를 조사할 수 있다.
	7-8	실태조사를 바탕으로 하여 올바른 우리말 사용을 주제로 글을 쓸 수 있다.
	9-10	올바른 우리말 사례집을 만들 수 있다.
5. 여러 가지 그래프	3	띠그래프를 알아볼까요
	4	띠그래프로 나타내어 볼까요
	5	원그래프를 알아볼까요
	6	원그래프를 나타내어 볼까요
	7	그래프를 해석해 볼까요
	8	여러 가지 그래프를 비교해 볼까요
	9	도전수학

〈학교수준〉

주제	차시	차시 활동 내용
소중한 우리말을 지켜라!	1	프로젝트학습 안내 계획세우기
	2	올바른 우리말 사용이 필요한 까닭 알아보고 언어파괴 사례 살펴보기
	3	자신의 우리말 사용 실태 점검하기
	4	우리학교 우리말 사용 실태 조사계획세우기
	5~6	우리학교 우리말 사용 실태 조사준비
	7	조사결과로 의견 나누고 도표의 필요성 인식하기
	8	예비시간
	9~10	띠그래프와 원그래프 알아보기
	11	실태조사 결과 그래프로 나타내기
	12	팀별 조사결과 프레젠테이션
	13~15	산출물 제작 계획세우기 산출물 제작하기
	16	산출물 제작 공유
	17	프로젝트학습 평가 및 성찰

총 17시간	총 17시간

오해 6
프로젝트학습은 학업성취도를 낮춘다

프로젝트학습을 포함한 학생참여형 수업을 꺼리는 사람들은 대부분 학업성취도에 대해 부정적이다. 학생참여형 수업을 실시하면 학생들이 배워야 할 것을 배우지 못해 학업성취도가 낮아진다는 것이다. 하지만 어수선연구회가 말하는 프로젝트학습이란 실제적인 문제나 의도된 학습과제를 중심으로 학생이 스스로 참여하여 탐구하고 이를 통해 배워야 할 지식과 핵심역량을 학습하게 하는 교수·학습 방법이다. 결국 잘 가르치고 잘 배우는 것이 프로젝트학습의 목표이다. 한국개발원에서는 프로젝트학습과 관련된 연구를 진행하면서 2015년 대구지역의 2개 학교를 대상으로 프로젝트학습이 학생의 인지역량에 미치는 영향을 검증하였고 프로젝트학습이 학생의 학업성취도 또는 인지능력을 낮춘다는 증거는 발견할 수 없었다.

프로젝트학습의 여러 긍정적인 영향에도 불구하고 우리나라 교육 현장에서 프로젝트학습이 안정적으로 도입될 수 있는지 여부를 검토하기 위해서는 프로젝트학습이 학생들의 학업 성적 또는 인지역량에 어떤 영향을 미치는지에 대한 점검이 선행될 필요가 있다. 그동안 국내외에서 프로젝트학습이 학생의 교육 성과에 미치는 영향에 관한 여러 선행연구가 진행되었으나, 대체로 특정 집단을 대상으로 한 연구라는 측면에서 프로젝트학습이 일선 학교에 도입될 수 있는지 여부를 판단하기에는 충분한 정보를 제공하지 못한다고 볼 수 있다.

이러한 배경에서 대구광역시 소재 2개 중학교에서 2015년 가을학기 중 실시된 프로젝트학습이 학생의 학업성취도와 인지능력에 미친 영향을 실증적으로 검증하였다. 학업성취도는 지필고사 방식으로 측정된 국어, 수학, 영어, 과학 성취도를 이용하였고, 인지능력은 국제적으로 널리 통용되는 레이븐 테스트(Raven Standard Progressive Matrics)를 사용하였다. 분석 결과, 프로젝트학습이 학생의 학업성취도 또는 인지능력을 하락시킨다는 증거를 발견할 수 없었다.

출처: 이주호(2017). 프로젝트학습을 통한 교육개혁. KDI.

그렇다면 우리는 왜 이러한 인식을 갖게 되었을까? 어수선연구회는 유사 프로젝트학습 때문이라고 생각한다. 프로젝트학습의 목적과 가치를 벗어난 책들이 출판되고 있으며 많은 교사가 비판 없이 맹목적으로 수용하고 있다. 유사 프로젝트학습은 놀이와 재미는 있지만 교육 과정이 없다. 흥미로움과 체험은 있지만 배움은 없다. 이러한 유사 프로젝트학습은 프로젝트학습의 목적과 가치를 훼손한다. 교사는 유사 프로젝트학습과 프로젝트학습을 구분할 수 있어야 한다. 이것이 이 책의 목적이기도 하다.

오해 7
프로젝트학습에서 교사는
방관자 역할을 해야 한다

프로젝트학습에서 교사는 철저하게 방관자 또는 안내자의 역할만을

유사 프로젝트학습	프로젝트학습
학생의 실생활과 연관성이 없다.	학생의 실생활과 연관이 있다.
학생 실태와는 관계없이 매년 동일한 내용을 실시한다.	주제에 따라 활동 내용과 결과물을 선택할 수 있는 의사결정권이 주어진다.
많이 아는 것만 추구하는 표층학습만 이루어진다.	많이 알면서 동시에 깊이 알고 새로운 산출물을 만들어내는 심층학습이 이루어진다.
단원 내에서 실시하는 성취기준이나 학습 내용과 관계없는 보조 활동이다.	프로젝트학습 내용이 성취기준과 학습 목표를 달성하기 위한 활동이다.
교사, 친구, 부모와 공동의 사고가 이루어지지 않는다.	유용한 타자와 공동의 사고, 협업, 소통을 통해 주어진 문제를 해결한다.
산출물이 고정되어 있다.	다양한 산출물을 제작하고 공유할 기회를 제공한다.
결과물로만 평가가 이루어진다.	결과물뿐만 아니라 프로젝트학습 모든 과정 내에서 지속적인 평가가 이루어진다.

해야 한다고 생각하는 경우도 많다. 교사의 개입이 최소화되어야만 훌륭한 프로젝트학습이라고 생각할 수도 있다. 하지만 진정한 프로젝트학습에서는 프로젝트학습 주제, 프로젝트질문, 학생의 수준과 프로젝트학습 경험 정도에 따라 교사의 적절한 개입이 필요하다. 프로젝트학습도 결국 배움의 질을 향상하는 것이 목적이기 때문에 필요하다면 교사의 개입은 언제든 가능하다. 오히려 일반적인 강의 수업이나 활동 수업보다 교사가 더 바쁘다. 지속적인 피드백이 필요하기 때문이다.

프로젝트학습은 프로젝트학습 주제, 프로젝트질문, 참여 학생의 수준과 프로젝트학습 경험 정도를 고려해 학생들이 주도적으로 전개하는 차시, 교사가 주도적으로 전개하는 차시, 학생과 교사가 함께 비슷한 주도성을 가진 차시를 적절하게 배치해야 한다.

오해 8
프로젝트학습에서
교과서는 필요없다

프로젝트학습을 전개하면서 교과서는 2가지 측면에서 활용된다. 첫째, 학습 내용의 범위와 계열성을 파악하는 데 사용된다. 2015 개정 교육과정의 성취기준은 교사에 따라 학습 내용의 범위와 계열성에 대한 해석이 다른 경우가 많다. 이에 따라 어느 경우는 학년 수준을 넘어서는 학습 내용을 가르치기도 하고, 어느 경우는 학년 수준보다 낮은 학습 내용을 가르치기도 한다. 이때 교과서를 분석하면 성취기준에서 추구하는 학습 내용의 범위와 계열성을 파악하는 데 도움이 된다. 그래서 프로젝트학습 설계단계에서 교사는 교육과정 성취기준과 교과서 내용을 함께 분석해야 한다.

둘째, 프로젝트학습에서 지식을 습득하는 자료로 활용된다. 교사가 지식과 관련된 차시의 자료를 전부 다 구안한다면 교사에게 큰 부담이 된다. 이때 관련 교과서의 자료를 그대로 활용하거나 수정·보완하여 활용하면 교사의 부담을 경감하고 좋은 자료를 구안할 수 있다.

준비된 교사만이
프로젝트학습을 성공으로 이끈다

프로젝트학습을 이끌어 가는 교사의 역할과 자세는 목적지를 향해 항해하는 배의 선장과 비슷하다. 여기서는 성공적인 프로젝트학습이 이루어지기 위해 교사가 어떤 역할을 해야 하고 어떤 자세를 취해야 하는지에 대해 살펴보고자 한다.

신중한 판단과 선택

프로젝트학습을 시작했다면 계획부터 평가, 성찰하는 과정에서 수많은 판단과 선택을 하게 된다. 프로젝트학습을 하고자 할 때 가장 먼저 해야 하는 것이 설계인데 이는 프로젝트학습에서 교사 역할의 절반이라 할 수 있을 만큼 전문성이 요구되며 교사 개개인의 역량에 따른 판단과 선택으로 아주 다른 결과를 만들어 낼 수 있다.

일반적으로 교사가 고민하는 내용은 성취기준을 무엇으로 할지, 언제 어디에서 무슨 활동을 할 것인지, 무슨 자료를 언제 어떻게 제공할 것인지, 평가는 어떤 방법으로 할 것인지 등이다. 이에 대해 아주 세세하고 구체적으로 생각해야 한다. 교사 자신의 역량, 학생들의 동기와 준비도, 가용 자원 등 여러 요소를 고려하여 신중한 결정을 내려야 한다.

배의 선장은 문제가 닥쳤을 때 날씨, 배의 상태, 선원들의 역량 등을 고려하여 판단하고 선택한다. 하지만 신중하지 못한 순간의 잘못된 판단과 선택은 되돌리지 못하는 결과를 가져올 수도 있다. 마찬가지로 학생들의 실태, 교사의 역량, 지역의 실태 등을 반영하여 프로젝트학습을 설계하더라도 신중하지 못한 판단을 하면 성취기준과 동떨어진 학습 내용이 구성된다든지 학생들의 흥미만을 위한 학습이 될 수 있다. 교육과정과는 멀어져 교사가 평소 중요하다고 생각하는 막연한 신념을 주입하는 학습이 설계될 수도 있다. 따라서 프로젝트학습을 시도하는 교사는 신중하게 판단하고 선택해야 한다.

판단과 선택의 기준은 언제나 교육과정의 성취기준 달성과 학생들의 실태가 우선이 되어야 한다. 학습은 언제나 학생들을 위한 것이고 교사의 임무는 학생들의 성취기준 도달이라는 것을 기억해야 한다.

끊임없는 상호작용

선원들이 어느 날 갑자기 태평양을 횡단할 수 없듯이 학생들도 어느 날 갑자기 프로젝트학습을 잘 해내기란 어렵다. 학생들이 프로젝트학습을 성공적으로 수행하기 위해서는 어느 정도 능력을 갖추어야 한다. 그렇다고 학습할 준비가 된 학생들만을 대상으로 해서는 안 된다. 준비가 되지 않은 경우 가벼운 프로젝트학습을 통해 학습법을 익혀 간다. 우리는 이것을 '근육 키우기'라고 부르며 이 책에서 그에 대한 내용을 자세히 다룬다.

만약 교사가 학생들을 적절하게 연습시켜 프로젝트학습을 이끌어갈 근육을 만들어주는 데 성공했다면 교사는 수업하는 동안 일반적인 수업보다 더 편해졌다고 느낄 수 있다. 일일이 일러주지 않아도 학생들이 알아서 할 수 있는 것이 무척 많아지기 때문이다. 하지만 수업 시간에 교사가 편해졌다면 그것은 오히려 실패하고 있다는 뜻일 수도 있다. 깊이 있는 탐구를 해야 하는 프로젝트학습은 결코 교사가 편해질 수 있는 수업이 아니기 때문이다. 잘 준비된 선원들도 긴 항해의 여정에서 때로는 나태해질 수도 있고 실수를 할 수도 있다. 학생들도 마찬가지여서 교사의 끊임없는 점검이 필요하다. 프로젝트학습 각 단계마다 학생들의 활동을 꼼꼼히 점검하고 학생들이 몰입할 수 있도록 동기를 부여해야 하며 무임승차하는 학생이 없는지 확인해야 한다. 교사가 부지런히 움직여야 높은 수준의 학습을 기대할 수 있다.

교사는 학생들과 끊임없이 상호작용해야 한다. 이것은 프로젝트학습에서 교사의 필수적인 역할이라고 할 수 있다. 학생들을 지켜보면서 학습 과정과 결과에 끊임없는 피드백을 주어 성취기준에 도달하도록 도와야 하며 프로젝트학습 과정에서 직면하게 되는 판단과 선택에 적절한 도움을 주어야 한다. 이때 과도한 개입은 오히려 역효과가 날 수 있다. 학생이 주도적으로 학습하는 즐거움을 뺏을 수 있기 때문이다. 수업의 주인공인 학생이 스스로 공부하는 즐거움을 잃지 않도록 필요해 보이는 순간 도움이 될 만한 자료를 제공한다든지 생각을 발전시킬 비계를 설정하거나 질문을 던지는 정도로 상호작용이 이루어져야 한다.

때로는 이러한 상호작용이 교사에게도 득이 되기도 한다. 학생들과 대화하고 피드백을 주면서 수업 전개에 있어 새로운 아이디어를 얻을 수도 있고 더 좋은 방법을 찾을 수도 있다.

학생의 학업성취 결과에 대한 책임

프로젝트학습 마무리 단계에 가까워져 가면 학생들의 성과가 눈에 보이기 시작한다. 이 성과는 성취기준에 도달했는지 여부를 평가하는 토대가 된다. 우수한 성과가 프로젝트학습의 전부는 결코 아니지만, 학생과 교사가 동시에 성과를 만족스러워할수록 성공한 프로젝트학습이라고 말하기 쉬울 것이다.

특히 성과에 대한 학생의 만족도는 매우 중요하다. 학생들은 자신과 동료들의 결과를 평가하는 눈을 갖고 있다. 자신의 성과에 스스로 만족스러워하면 자부심을 느낄 만한 성취를 달성했다는 것을 의미한다. 이는 앞으로도 학습에 더욱 관심을 갖고 참여하여 역량을 발전시키는 자양분이 될 것이다. 아마도 이런 자부심을 느낀 학생들은 프로젝트학습을 두 팔 벌려 환영할 것이다. 만약 그 반대의 결과라면 '그토록 고생하고 애쓴 결과가 이거라니' 하는 생각에 프로젝트학습에 기부감을 갖게 된다.

프로젝트학습이 학생들의 참여도가 높은 수업인 만큼 그 결과가 미치는 영향도 크다. 따라서 교사는 학생들이 프로젝트학습의 성과에 만족할 수 있도록 최선을 다해 상호작용하며 지도해야 한다. 또한 교사는 프로젝트학습의 가시적인 성과와 더불어 책무성을 갖고 학생들이 성취기준에 도달하도록 지원해야 한다. 그래야지만 교사의 임무를 다한 것이고 목적을 잃지 않은 수업이라고 말할 수 있다.

부단히 노력했음에도 불구하고 결과가 만족스럽지 못하다 하더라도 좌절해서는 안 된다. 프로젝트학습 설계단계부터 성찰하여 문제점을 찾아 보완해야 한다. 누구나 처음부터 잘 해내기는 어려운 일이다. 무슨 일이든 경험이 필요하다. 다만 그 과정에서도 학생들에게 학습 결손이 생기지 않도록 모든 노력을 기울여야 한다. 그것이 책임지는 교사의 자세이다.

어렵지만 명예롭고 멋진 자리

프로젝트학습이 모든 교사에게 잘 맞고 어느 상황에서나 적용 가능한 만능 학습법은 아니다. 하루아침에 뚝딱 잘 해낼 수 있는 쉬운 교수법도 아니다. 하지만 여러 어려움에도 불구하고 전문성을 갖추기 위해 부단히 공부하면서 학생들의 학습을 지원하고 학생과 상호작용하면 마침내 성공한다.

노력을 기울여도 만족스러운 결과가 바로 나오지 않을 수도 있고 교사의 노력을 알아주지 않을 수도 있다. 학생들이 생각처럼 따라 주지 않을 수도 있고 학부모의 민원을 받을 수도 있다. 탐탁하지 않게 여기는 동료 교사를 만날 수도 있고 도와주지는 못할망정 방해를 하는 관리자를 만날 수도 있다. 무엇보다 프로젝트학습을 진행한다고 해서 월급이 더 오르는 것도 아니다. 그래서 명예롭고 멋진 자리이다. 꼭 해야만 하는 일은 아니지만 학생의 미래를 위해 남들이 가지 않으려 하는 더 어려운 길로 항해하고 있기 때문이다. 스스로에게 자부심을 갖고 끝까지 항해를 멈추지 말자.

민주적 학급문화,
프로젝트학습 성공의
핵심

학급에서는 교사와 학생의 상호작용, 교사와 학생의 수업 형태, 학생 특성 및 학생 간 상호작용 등이 나타난다. 학기 초가 지나면 학급에서는 점차 고유한 분위기가 만들어진다. 학급 분위기는 학급만의 특정한 흐름, 성향, 경향성 등을 갖게 되는데 이를 우리는 학급문화라고 한다. 학급문화는 교사와 학생이 함께 만들어가는 것이지 어느 한쪽에 의해 결정되는 경우는 극히 드물다. 학급문화는 프로젝트학습의 조건인 '자율성'과 '상호작용성'이 구현되는 데 큰 영향을 미친다. 성공적인 프로젝트학습을 위해서는 어떠한 학급문화를 만들 것인지에 대해 생각해보아야 한다. 지금부터 성공적인 프로젝트학습을 위한 바람직한 학급문화에 대해 살펴보자.

민주성과 자율성이 있는
학급문화를 만들자

교사는 교육과정이 추구하는 목표, 교사 자신이 살아온 삶, 중요한 가치를 바탕으로 교육철학을 갖게 된다. 교사는 교육철학을 바탕으로 학생들을 가르친다. 여러분은 학급을 운영하면서 무엇이 가장 중요하다고 생각하는가? 교사의 교육철학은 저마다 다르기 때문에 모든 교사의 답이 다를 것이다. 하지만 프로젝트학습을 실천하려는 마음이 있는 교사들은 '민주성'과 '자율성'이 있는 학급문화에 가장 중요한 가치를 두고 학급을 운영해야 한다.

성공적인 프로젝트학습을 살펴보면 일련의 공통점이 있다. 교사는 프로젝트학습의 조건에 맞는 적절한 주제를 선정하고 프로젝트질문을 중심으로 프로젝트학습을 성공적으로 수행할 수 있도록 학생들을 이끌어 주어야 한다. 학생들은 자율성을 바탕으로 자기주도적으로 참여하고 상호작용을 하며 산출물을 만들어 공유하여야 한다. 교사가 아무리 열심히 프로젝트학습을 준비하고 계획하여 실행하더라도 학생들이 자기주도적으로 참여하지 않고 상호작용하지 않으면 의미 있고 성공적인 프로젝트학습이 될 수 없다.

먼저 민주성과 자율성이 부재한 학급 운영 사례를 살펴보자.

A 교사는 3월 첫째 날 학생들과의 첫 만남에서 교사의 위엄을 보여주고 무서운 선생님이라는 것을 인식시키고 싶었다. 그래야 1년간 학급 운영이 편할 것이기 때문이다. 학생들이 무서워할 만한 학급 규칙을 정하여 학

생들에게 나누어 주었다. A 교사는 학급 내에서 지키지 않으면 되돌아올 불이익에 대해 안내하였다. 특히 친구와 싸우는 학생은 부모님 호출이라는 무시무시한 불이익이 있다며 엄포를 놓았다. 청소구역과 역할은 모둠별로 교사가 직접 정하여 안내하였다. 학급안내판에 들어갈 학급 안내 문구도 당연히 A 교사의 몫이다. A 교사는 오늘 하루를 계획적이고 완벽하게 보냈다며 스스로를 칭찬했다.

다음날 수업 시간이 되었다. 수업 중 몇 가지 질문을 던지고 학생들 몇몇이 발표를 하기 위해 손을 든다. 정답을 맞히지 못한 학생들에게 A 교사는 "그건 아니야", "틀렸어."라며 냉담한 반응을 보였다.

학급 회의에서 학생들이 의견을 내지 않으려고 한다. 학생들은 어차피 자신들의 의견이 반영되지 않을 것을 알고 있기 때문이다. 학급 운영은 교사의 생각대로 진행되며, 학생들은 이를 아무런 생각 없이 따르기만 한다. 몇 달 뒤 A 교사는 동료 교사들에게 푸념한다. "우리 반 학생들은 발표도 하지 않고 학급 생활이 너무 수동적이야. 왜 그러나 몰라. 의견도 내면 좋을 텐데…. 작년 아이들은 안 그랬는데 말이야."

이 사례를 보고 어떤 느낌이 드는가? 학생과 교사의 관계는 어떤 관계여야 할까? 수직적인 관계인 학급에서는 프로젝트학습이 성공할 가능성이 낮다. 프로젝트학습의 흐름은 학생들의 자율성과 선택권을 보장하고, 학생들이 자기주도적 참여와 소통을 통해서 문제를 해결해 가는 것이다. 학생들이 스스로 참여하고 선택하며 학생의 의견을 존중하는 민주적 학급문화를 조성해야 프로젝트학습이 성공한다. 일부 교사들은 학급 운영의 방향과 선택을 학생들과 함께 결정하면 교육적으로 올바르지 않은 학급경영이 이루어질 것이라고 예상한다. 그렇지 않다. (단, 저학년의 경우는 기초 생활습관 형성기에 해당하여 학기 초에는 적용이 어려울 수 있다.) 학생들은 일정 부분 자신의 의견이 반영된 결정에는 따르려고 노력한다. 공언하기와 같은 일종의 책무성을 가지는 셈이다.

이번에는 민주성과 자율성이 살아 있는 학급 운영 사례를 살펴보자.

A 교사는 3월 첫째 날 학생들과의 첫 만남에서 의사결정이 필요한 일을 함께 고민하고 해결하는 교사의 모습을 보여주고 싶었다. 그래서 학생들에게 먼저 학교에서 지켜야 할 공통의 규칙을 안내하고, 이를 바탕으로 학급 규칙을 만들기 위해 학교생활을 하면서 지켜야 할 사항을 생각해 오라고 말했다.

다음 날 학급 규칙을 정하기 위해 학급 회의를 열었다. 처음에는 학생들의 의견이 매우 추상적으로 나왔다. 이를테면 '떠들지 않기', '뛰지 않기', '조용히 하기' 등이다. 규칙을 정하기 위해서는 조건이 필요하다. '수업 시간에 떠들지 않기', '복도에서 뛰지 않기' 등으로 규칙이 구체화할 수 있도록 교사는 옆에서 조언을 하기도 했다.

학급행사에서도 교육적인 부분에서 크게 벗어나지 않는 이상 학급 자치회의 의견을 존중한다. 현실적으로 실시되기 어려운 부분에 대해서는 '안 돼'라는 한마디로 거부하지 말고 구체적인 이유를 제시해 학생들을 설득한다. 교사가 강압적이고 무섭게 할 때보다는 학생들이 다소 시끌시끌하고 질서가 없는 것처럼 보인다. 하지만 처음 과정이 오래 걸릴 뿐 학생들은 스스로 결정한 사항을 잘 따르려고 노력한다. 교사의 통제가 없어도 자신들이 알아서 고민하고 실천한다.

학습에 있어서도 학생들이 자유롭게 의견을 제시하는 경우가 많다. 때로는 터무니없는 말이 나오기도 한다. 하지만 학생들의 의견을 자세히 들어보면 나름의 합당한 이유가 존재한다. 학생의 의견이 잘 다듬어지도록 교사가 조언하고 지원하니 창의적으로 독특한 해결 방법이 되기도 한다. 이렇게 하니 학생들은 학습 시간을 즐거워하고 적극적으로 참여하는 태도를 보인다.

A 교사는 '민주성'과 '자율성'을 존중하는 학급문화를 실천하지 못한 이유를 곰곰이 생각해보았다. 그것은 바로 교사 그리고 성인의 관점에서 기준을 세워 학생들을 바라보았기 때문이다. 학생들은 아직 옳고 그름을 인식하는 능력이 학습이 되지 않아 실수를 할 수도 있고 즉흥적인 판단을 하는 경우도 있다. 매사를 성인과 교사 입장에서 바라보면 당연히 강압적인 지도 방식을 적용할 수밖에 없다.

A 교사는 이제 학생의 눈으로 학생의 입장을 이해하기로 했다. 하지만 굉장히 어려운 길이다. 때로는 학생을 기다려야 할 때도 있고, 때로는 설득해야 하며, 때로는 인내해야 한다.

하지만 그래도 즐겁다. 학생들이 능동적인 반응을 보이고 자율성 또한 늘었기 때문이다. 미래 사회의 주역이 될 학생들에게 있어서 '민주성'과 '자율성'은 반드시 갖춰야 할 능력이 아닐까?

비단 학생뿐만 아니라 우리 교사들에게도 똑같이 적용된다. 학교에서 추진해야 할 업무가 생겼다고 가정해 보자. 교장선생님이 교사의 의견을 묻지 않고 일방적으로 지시하면 불만을 갖게 된다. 하지만 교사들이 민주적으로 토의하여 정해진 업무는 최선을 다해 완수하려 한다. 설사 교장선생님이 일방적으로 시킨 업무보다 더 힘든 일이어도 말이다!

학생들이 민주적인 절차를 통해서 학급 문제를 해결하는 경험을 하고, 수업 시간에 자신의 의견이 존중된다고 느끼는 학급문화가 필요하다. 이러한 학급문화가 조성되어 학생들이 학급 운영에 적극적으로 참여하게 된다면 프로젝트학습의 기반이 다져졌다고 볼 수 있다.

스스로에게 엄한 교사가 되자

'엄하게 가르친다'는 말은 규칙이나 예절을 철저하고 엄격하게 가르치는 것을 뜻한다. 위에서는 자율성과 민주성을 기반으로 한 학급 운영이 필요하다고 말하더니 갑자기 엄한 교사가 되라니 이상하게 들릴 수도 있다. 여기서 이야기하고 싶은 '엄하게 가르치자!'는 위에서 제시한 통념적인 의미와는 조금 다르다. 바로 교사 스스로 학생들과 똑같은 규칙 안에서 생활하고 교사로서의 의무와 책임을 예외 없이 다하는 것이다. 학생들이 가장 불만을 많이 가지는 상황은 '불공평'이다. 교사가 학급의 규칙을 강조하면서 정작 교사 자신은 규칙을 지키지 않는 경우일 것이다. 다음의 대화를 살펴보자.

학생: 왜 선생님은 휴대전화 사용하고 저희는 휴대전화 사용하면 안 돼요?
교사: 선생님은 일이 있어서 휴대전화 사용하는 거야.

학교 안에서 학생들에게 스마트폰 사용을 금지하면서 교사는 자유롭게 통화를 하거나 메시지를 보낸다. 시간 약속을 지키지 않는 학생에게는 불이익을 주면서 교사 자신은 출근 시간이나 수업 시간에 대해 관대한 경우도 있다. 과제 검사나 알림장 안내도 하지 않고 넘어가는 경우도 발생한다. 사전 예고 없이 교사의 컨디션에 따라 미리 약속해 놓은 수업 시간표를 바꾸기도 한다. 어떠한 개념에 대해 설명할 때 자세한 설명 대신 너희들은 몰라도 된다는 식으로 어물쩍 넘어간다. 기분이 좋을 때는 학생들이 잘못해도 그냥 넘어가면서 기분이 좋지 않을 때는 사소한 잘못에도 불같이 화를 내며 학생들을 닦달한다. 이름 대신에 "야!", "너!"라고 학생을 부른다. 많은 학생들 앞에서 특정 학생의 과거 일을 들추면서 비난하고 낙인을 찍는다.

우리는 직장이나 사회에서 어떤 사람에게 분노하는가? 학생들도 다를 바 없다. 학생들은 학교에서는 교사를 보며 배우고 집에서는 부모를 보고 배운다. 사춘기 아이들이 부모에게 반항하는 큰 이유는 부모님은 누워서 텔레비전 보면서 자녀에게 공부하라고 시키는 등 자신은 실천하지 않는 것을 자녀에게만 강요하기 때문일 것이다.

이러한 교사와 프로젝트학습을 함께하는 학생들은 교사의 조언이나 피드백을 수용하지 않을 것이다. 성공적인 프로젝트학습을 이끄는 교사가 되기 위해서는 교사 또한 학급이라는 공동체 안에서 학급 규칙을 바탕으로 학생들과 동등하게 생활하고 스스로에게 엄한 교사가 되어야 한다.

학생, 학부모, 지역사회와 함께하는
학급문화를 만들자

프로젝트학습은 학생이 실생활과 연계한 주제를 타인(동료, 교사, 지역사회)과의 상호작용을 통해 학생주도의 심도 있는 탐구 과정을 거쳐 다양한 형태의 산출물을 만들어 공유하는 학습이다. 중요한 점은 실생활과 연계된 주제를 혼자가 아니라 다른 사람과 끊임없이 소통하면서 수행한다는 것이다. 프로젝트학습에 참여한 학생들은 주변 친구들과 프로젝트 질문 해결을 위해 의견을 나누고 탐구한 내용을 공유한다. 지역사회 전문가를 초청하여 강연을 듣고 전문적인 지식을 쌓기도 한다. 더 나아가 프로젝트학습 산출물이 완성되면 청중을 초대하여 발표회를 열거나 지역사회 관계자들과 편지 등을 통해 결과물을 공유하기도 한다.

성공적인 프로젝트학습을 위해서는 학교뿐만 아니라 교육공동체가 함께 노력해야 한다. 마을교육공동체를 활용하는 것도 좋은 방법이다. 학기초에 학부모나 지역에 안내장 등을 통해 학교 또는 학급에서 실시하고 있는(실시가 예정되어 있는) 프로젝트학습 주제나 내용을 홍보하고 적극적인 협조를 요청하는 것이 중요하다.

학부모에게는 학급 교육과정 설명회에서 안내하는 것이 효과적이다. 학부모와 지역사회가 관심을 가지면 학생들은 프로젝트학습을 더욱 특별하게 생각하고 적극적으로 참여한다. 지역사회와 학부모의 협조는 프로젝트학습에 큰 도움이 되며 활기를 불어넣는다. 프로젝트학습뿐만 아니라 평상시에도 지역사회, 학부모와 다양한 교류활동(봉사활동, 학교행사 등)을 통해 학생들이 교육공동체에 대하여 인식할 수 있도록 학급문화를 조성하는 것이 필요하다.

프로젝트학습
근육 기르기

"선생님, 한글문서 프로그램 어떻게 켜요?"

"선생님, 검색해 봐도 안 나와요."

"사진 어떻게 옮겨요?"

어수선연구회가 프로젝트학습을 실천하던 초창기에 학생들로부터 이런 질문을 많이 받았다. 비단 프로젝트학습뿐만이 아니라 학생들이 컴퓨터를 활용하여 구체적인 결과물을 만들어내는 수업(컴퓨터를 활용하여 보고서 만들기, 역사신문 만들기 등)을 해본 교사는 누구나 이러한 상황을 겪어봤을 것이다.

요즘 학생들은 스마트폰과 친숙하여 디지털 리터러시(소프트웨어 활용, 정보검색 능력 등) 또한 뛰어날 것이라고 짐작할 것이다. 실제로는 그렇지 않은 경우가 많다. 컴퓨터 및 스마트폰 애플리케이션 사용법, 정보활용 능력 등을 제대로 배운 경험이 부족하기 때문이다.

학생들은 프로젝트학습 안에서 자기주도적 탐구와 다양한 상호작용을 통해 배움을 얻어간다. 프로젝트학습은 가치 있는 학습법임에도 불구하고 교사와 학생에게 익숙한 수업 방법이 아니다. 그렇기에 교사와 학생 모두 프로젝트학습의 절차에 대한 배움이 필요하다.

성공적인 프로젝트학습을 위해서는 디지털 리터러시가 필요하다. 다양한 정보를 수집하여 분석하고 가공하는 능력이 있어야 프로젝트학습 질문을 원활하게 해결할 수 있다. 또한 이런 능력은 양질의 결과물을 만들어 내는 데 큰 도움이 되는 요소이다. 학생들의 디지털 리터러시가 떨어진다면 프로젝트학습을 설계하는 데 제약이 생기기도 하고, 진행하는 과정에서 시간이 많이 소요될 수도 있으며 과정과 결과가 교사가 의도한 대로 진행되기 어려울 수도 있다.

한편, 학생 입장에서는 수업 시간에 학습 내용을 습득하는 것만으로도 충분히 힘든 과정일 수 있다. 그런 와중에 프로젝트학습의 절차와 디지털 리터러시에 대해 동시에 배우는 것은 인지적 부담을 가중시켜 동기를 떨어뜨리는 요인이 된다. 그래서 디지털 리터러시와 프로젝트학습의 절차는 미리 알고 있을수록 좋다.

저자들은 이것을 배우는 활동을 '프로젝트학습 근육 기르기'라 명명하였다. 학생들은 프로젝트학습 근육이 길러졌을 때 보다 깊이 있는 탐구 활동을 실시할 수 있으며 산출물이나 활동의 선택지가 넓어진다. '프로젝트학습 근육'은 그대로 다른 수업에도 유용하게 전이되어 활용될 수 있다.

읽을거리

우리나라 디지털 리터러시 현황

한국학술정보원에서는 우리나라 만 15세 학생들을 대상으로 한국의 교육 정보화 수준 분석을 실시하였다. 다양한 연구 결과가 있으나 여기에서 우리가 주목해야 할 결과가 두 가지 있다. 바로 '학교에서의 디지털기기 사용 빈도'와 '디지털기기에 대한 태도'이다.

– 학교에서의 디지털기기 사용 빈도 –

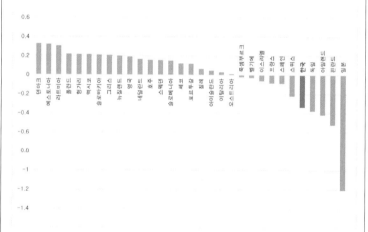

출처: OECD PISA 2015를 통해 본 한국의 교육정보화 수준 분석(2017)

먼저 '학교에서의 디지털기기 사용 빈도'를 살펴보면 OECD 31개국 중 30위로 최하위 수준으로 나타났다. 학교에서 그만큼 디지털기기를 활용할 기회가 적다는 이야기다.

- 디지털기기에 대한 태도 -

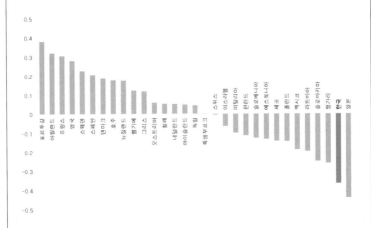

출처: OECD PISA 2015를 통해 본 한국의 교육정보화 수준 분석(2017)

 한국 학생들의 '디지털기기에 대한 태도'에 대한 분석 결과 또한 31개국 중 30위로 최하위 수준으로 나타났다. 세부적으로 분석하면 디지털기기에 대한 흥미(30위), 디지털기기에 대한 역량에 대한 인식(30위), 디지털기기 사용에 대한 자율성(31위), 사회적 상호작용 주제로서의 디지털기기(30위)로 전반적으로 OECD 국가 중 최하위 수준을 보이고 있다.

 디지털 리터러시는 학생들이 반드시 갖춰야 할 소양 중에 하나이다. 파일 검색하기, 문서 편집하기, 발표 만들기, 폴더 만들기 등 컴퓨터 기본 사용 방법을 모르는 학생들도 많다.

위의 두 통계자료를 통해 디지털기기와 관련된 우리의 현실을 적나라하게 볼 수 있다. 디지털 리터러시, 디지털 시대를 살아가는 학생들에게 반드시 필요한 능력이 아닐까?

프로젝트학습에 대한 긍정적 인식 만들기

프로젝트학습 또는 학생참여형 수업에 익숙하지 않은 학생이 많다. 그래서 교사에게 많은 부분을 의지하려 하고 안내에 따라 학습하는 것을 편하게 생각한다. 또 배움은 교사의 강의나 교과서에 의해 일어난다고 생각하며 그것이 없을 경우 불안해한다. 이는 교사들도 마찬가지일 것이다. 그러므로 학생들에게 프로젝트학습이 무엇인지 안내할 필요가 있다. 과거 선배들이 실시했던 프로젝트학습을 보여주거나 다른 학교에서 실시한 프로젝트학습을 보여주면서 학생들이 자연스럽게 프로젝트학습을 이해하는 기회를 제공할 수 있다. 프로젝트학습 경험담을 이야기해주는 영상 등도 유용하다. 또 프로젝트학습의 절차를 직접 안내하며 어려운 순간이 생기거나 고민이 될 때마다 선생님이 곁에서 안내해주고 함께 고민해준다는 사실을 인지시켜야 한다.

사고 구조화 능력 기르기

프로젝트학습에서는 학생들이 직접 프로젝트질문이나 학습 활동을 구성하고 계획을 세운다. 학생이 자신의 생각을 정리하여 구조화할 수 있어야 학습 활동 구성 능력을 기를 수 있다. 넓은 주제에서 작은 주제로 좁혀가는 KWL차트 작성하기, 주제망 작성하기가 대표적인 구조화 방법이다. 경험이 많을수록 더 완성도 높게 생각을 구조화할 수 있다. 단위 수업 시간이나 학급 생활에서 이러한 경험을 할 수 있도록 학급 운영을

프로젝트 활동 구성은 이렇게

• 주제망 작성

자기관리역량
지식정보처리역량
의사소통역량   2015개정교육과정
공동체역량

의사소통역량
자기성찰 계발 역량   국어과

추론
의사소통
정보처리
태도 및 실천   수학과

기르고 싶은 역량

목적

실생활에서 수학적지식을
활용하는 경험제공

올바른 언어생활태도 함양

산출물 공유활동을 통한 상
호작용 능력 신장과 성취감

우리말을 지켜라

올바른 우리말 사용의 필요성
비속어, 은어, 신조어
우리말 실태 조사 방법
우리말 실태조사 실시
그래프 그리기
조사결과 그래프로 나타내기

활동내용(알아야 할 것)

산출물

프레젠테이션 발표
편지쓰기
포스터
주장하는 글쓰기

• KWL차트

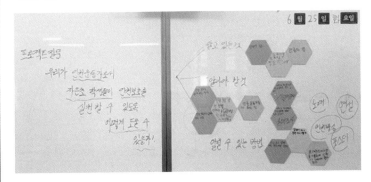

• 탐구 질문 구체화
 - 해남군 환경오염을 어떻게 해결할까?
 - 해남군 수질오염 문제를 어떻게 해결할까?
 - 학생으로서 해남군에 있는 해남천 수질오염 문제를 어떻게 해결할 수 있을까?

실천하는 것이 중요하다. 아침 독서 시간에 책 내용을 한 문장으로 표현하기, 자기주도 학습장에 비주얼싱킹을 활용하여 수업 내용 정리하기, 사회 시간에 역사적 사건의 원인과 결과 정리하기 등을 활용할 수 있다.

협업 능력 및 책무성 기르기

학생들이 가장 어려워하는 것이 팀원 간 협업 활동이다. 협업 활동을 할 때 생기는 어려움이나 문제점을 학급 토의를 통해 솔직하게 공유하고 해결해 나가는 것이 중요하다. 무임승차, 역할 분담의 어려움 등을 주제로 어떻게 해야 할 것인지 이야기를 나누는 것이 좋다. 학생들의 고민은 대부분 두 갈래로 나뉜다.

첫 번째, 협업에 적극적으로 참여하지 않는 학생들에 관련된 것이다. 이 학생들은 대부분 학습된 무기력감을 가지고 있거나 학업에 대한 능력이 부족하여 자신의 의견이나 활동에 자신감이 없다. 혹여 의견을 내거나 주도적으로 활동하려 하면 주변 친구들의 핀잔이나 비난이 날아오기 일쑤다. 그러니 협업 활동이 고역이고 고통이다. 어중간하게 해 와서 욕먹느니 맡은 역할을 아예 수행하지 않으려는 경우도 있다. 반면에 평소 학습에 적극적으로 참여하지만 프로젝트학습에 필요한 지식이나 방법에 대해 제대로 알지 못해 참여를 꺼리는 학생들도 있다.

두 번째, 적극적으로 참여하는 학생들이다. 이 학생들은 자기 의견이 뚜렷하고 목표 의식이 있어 자기 뜻대로 프로젝트학습을 이끌어 가고 싶어 한다. 당연히 소극적인 학생들에게 불만을 갖게 되고 자신이 많은 역할을 수행하는 데 대해 불평한다.

적극적이지 않은 학생과 적극적인 학생들로 인해 생기는 문제를 해결하는 방법은 무엇일까?

첫째, 협업 활동에서 서로 존중하는 표현을 사용하도록 지도한다. 서로 존중하는 표현을 사용하면 감정적인 갈등이 감소하기 때문이다. 다음의 예를 살펴보자.

- "야! 이렇게 하면 안 되잖아."
- "○○아, 이렇게 하면 안 될 거 같아. 다른 생각을 해보자."

두 말이 전달하는 의미는 같지만 듣는 입장에서는 후자가 조금 더 부드럽고 온화하게 다가올 것이다. 순간적으로 튀어나오는 감정적 표현이 학생들 간 갈등을 일으킨다는 것은 자명한 사실이다.

둘째, 간단한 미니 프로젝트학습을 통해 협업 능력을 길러주는 것이 도움이 된다. 미니 프로젝트학습을 실시할 때 학생들에게 협업 과정에 임하는 태도를 평가한다는 사실을 알리고 미리 평가 기준을 안내하는 것도 효과적이다.

- "○○이가 많이 알고 있어서 주변 친구들에게 알려주는구나."
- "○○이가 모르는 부분을 팀원들에게 물어보며 열심히 해주어 기특했단다."

위와 같이 학생 상황에 맞게 개인별 맞춤형 피드백을 자주 해 주어야 한다. 저마다 고유의 능력과 관심사가 다르기 때문에 팀원 중에서 잘할 수 있는 사람이 알려주고, 도움이 필요하면 정중하게 요청하면 된다고 알려준다. 이런 과정에서 합의를 바탕으로 의사결정하는 법, 일을 공정하게 분배하는 법 등을 배우게 된다. 협업에서는 자신이 맡은 역할을 반드시 수행해야 함을 강조한다. 장애 등으로 역할 수행이 어려운 학생은 교사가 상황에 맞게 적절하게 비계를 제공하는 것이 좋다.

디지털 리터러시 기르기

디지털 리터러시란 디지털 시대에 필수적으로 요구되는 정보 이해 및 표현 능력이다. 디지털 기기를 활용하여 원하는 작업을 실행하고 필요한 정보를 얻을 수 있는 지식과 능력을 말한다. 다양한 활동을 하는 프로젝트학습을 위해 필요한 능력이지만 프로젝트학습 중에 시간을 내어 가르치다보면 주제와 엇나가는 경우가 발생할 수 있다. 때문에 프로젝트학습을 실시하기 전이나 학기초 프로젝트학습 안내 활동 시에 기본적인 디지털 리터러시를 길러줄 필요가 있다.

프로젝트학습을 위한 디지털 리터러시

- 컴퓨터 기초 능력
- 캡처, 파일 저장, 파일 탐색, 프로그램 실행
- 발표자료 만들기
- 프레젠테이션, 사진으로 영상 만들기, 영상 편집하기, 표와 사진 넣기 등
- 정보처리
- KOSIS 국가통계포털, 웹 기반 통계분석 툴

웹을 활용한 정보검색 방법 알기, 통계 분석하기, 한글문서 작성하기 (표, 사진 삽입 등), 프레젠테이션 자료 만들기, 애플리케이션을 활용한 영상 만들기 등을 교과, 창의적 체험활동 시간이나 사전에 지도하면 프로젝트질문 해결에 집중할 수 있다.

학생들은 스마트폰을 이용하는 능력은 뛰어나지만 디지털 리터러시는 그에 미치지 못하는 경우가 많다. 프로젝트학습을 위해서는 기본적인 디지털 리터러시 능력이 필요하다.

PART

:3:

어수선과 함께하는
프로젝트학습 실천

지금까지 1장에서는 프로젝트학습의 이론적 기반에 대한 깊이 있는 이해를 위해 프로젝트학습의 개념, 필요성, 역사적 배경, 적절한 프로젝트학습의 조건을 살펴보았다. 2장에서는 프로젝트학습의 원활한 실천을 위해 프로젝트학습에 대한 오해, 교사의 마음가짐과 학급문화 조성하기, 프로젝트학습 근육 기르기를 살펴보았다.

3장에서는 독자들이 가장 궁금해할 프로젝트학습의 단계별 주요 활동을 소개하고, 활동별 노하우와 주의할 점에 대해 자세히 알아보고자 한다. 이해하기 어려운 부분이 있다면 4장의 실제 사례를 참고하면 도움이 될 것이다.

설계단계: 프로젝트학습 디자인하기	
- 프로젝트 주제 선정하기	- 교육과정 분석하기
- 실태 분석하기	- 주제망 구상하기
- 프로젝트질문 구상하기	- 배움 활동 구상하기
- 평가 계획하기	- 환경 및 모둠 조성하기

▼

도입단계: 프로젝트학습 몰입하기	
- 주제 안내하기	- 동기 유발하기
- 프로젝트질문 구성하기	- 배움 활동 구성하기
- 계획서 및 계약서 작성하기	- 평가 기준 제시하기

▼

탐구단계: 프로젝트질문 해결하기		
- 탐구하기	- 교사의 피드백 제공하기	- 중간발표하기

▼

공유단계: 산출물 발표하기	
- 산출물 발표 계획 세우기	- 산출물 발표 준비하기
- 산출물 발표하기	- 산출물 발표 평가하기

▼

정리단계: 프로젝트학습 마무리하기
- 프로젝트학습 성찰하기

이 책에 제시된 프로젝트학습 절차는 어수선연구회가 프로젝트학습을 시도하는 선생님을 돕기 위해 시행착오를 거치면서 구안한 절차이다. 여기서 유의할 점은 프로젝트학습 절차에 제시된 주요 활동은 고정불변이 아니라는 것이다. 프로젝트학습 주제, 프로젝트질문, 관련 성취기준에 따라 교사의 전문성을 발휘하여 제시된 주요활동을 변형하여 실천할 수 있다.

설계단계:
프로젝트학습
디자인하기

선장은 항해를 준비하면서 목적지를 생각하고 최적의 항로를 탐색한다. 성공적인 항해는 선장의 철저한 계획과 준비 정도에 따라 달라질 수 있다. 항해를 준비하는 선장의 마음과 프로젝트학습을 준비하는 교사의 마음은 같다. 목적지를 정하고 나아가야 할 방향을 정하는 선장처럼 교사도 성취기준을 분석하고 주제를 선정하여 프로젝트학습의 목표를 설정한다. 선장이 선원의 특성과 환경을 파악하여 항해를 준비하듯 교사도 학생의 실태와 환경에 따라 프로젝트학습을 준비한다. 항해 중 일어날 수 있는 모든 상황을 고려하는 것은 주제망 구상하기, 선원들에게 안내하는 방향성 제시는 프로젝트질문 구상하기, 항해의 순서는 배움 활동 구상하기에 비유할 수 있다. 또한 선원들이 무기력에 빠지지 않고 정확한 목표 설정을 인지하도록 하는 것은 평가 계획하기, 선원들이 항해에 집중하는 환경과 역할 분담은 환경 및 모둠 조성하기에 비유할 수 있다.

이와 같은 맥락으로 교사는 설계단계에서 프로젝트학습을 디자인하며 준비한다. 성취기준에 도달할 수 있는 활동인지, 학생 입장에서 어떤 어려움이 있을지 등을 고려하여 준비한다. 프로젝트학습은 교사의 설계에 따라 성공과 실패가 좌우된다고 해도 과언이 아니다. 교사가 프로젝트학습을 설계할 때는 적절한 조건과 여러 여건을 고려해야 한다. 설계단계의 절차는 다음과 같다.

- 프로젝트 주제 선정하기
- 교육과정 분석하기
- 실태 분석하기
- 주제망 구상하기
- 프로젝트질문 구상하기
- 배움 활동 구상하기
- 평가 계획하기
- 환경 및 모둠 조성하기

의미 있는 프로젝트학습을 위해 설계단계에서 고려해야 할 점은 다음과 같다.

- 실제 삶과 관련이 있으며 흥미를 가질 만한 내용인가?
- 활동 내용과 산출물을 선택할 수 있는가?
- 깊은 탐구가 이루어지는가?
- 성취기준에 도달할 수 있는가?

- 공동의 사고, 협업, 소통을 촉진할 수 있는가?
- 다양한 산출물을 제작하고 공유할 수 있는가?
- 모든 과정에서 지속적인 평가와 피드백이 이루어지는가?
- 프로젝트학습을 수행하기 위한 능력을 가지고 있는가?
- 프로젝트학습을 수행하기 위한 환경을 갖추고 있는가?

프로젝트 주제 선정하기

첫 단추를 잘 꿰기 위해서는 주제 선정이 중요하다. 주제를 선정할 때 프로젝트학습의 조건으로 제시한 실제성, 자율성, 탐구성, 학습성, 상호작용성, 열린 산출성, 평가성을 고려해야 한다. 무엇보다 주제가 실제성을 가지고 있고 삶과 연결되어 영향을 미친다면 프로젝트학습을 하는 내내 학생들은 내적 동기를 가진다. 또한 교사에게 익숙한 분야나 흥미로운 주제라면 학생들에게 피드백하기에 좋다. 프로젝트학습의 주제를 선정한 후 동료 교사들에게 피드백을 받으면 실제적이고 흥미로운 주제를 선정하는 데 도움이 된다. 성취기준 분석하기, 학생의 흥미와 관심 고려하기, 사회적 이슈 살펴보기, 학교행사와 연계하기 등 프로젝트 주제를 선정하는 방법을 몇 가지 소개하고자 한다.

첫 번째 방법은 교육과정의 성취기준을 분석하여 주제를 선정하는 경우이다.

교과	성취기준
체육	주제와 관련된 다양한 표현 방식을 이해하고 자신의 느낌과 생각에 따라 창의적인 방법으로 표현한다.
음악	음악을 활용하여 가정, 학교, 사회 등의 행사에 참여하고 느낌을 발표한다.

+

학생 실태: 창작 활동에 흥미를 느낌, 무용을 접하는 기회가 적음

주제: Show me the dance!

(창작 무용 공연 대회 프로젝트학습)

두 번째 방법은 학생들의 흥미와 관심을 고려하여 관련된 성취기준을 찾아 주제를 선정하는 경우이다.

학생 흥미: 동물 기르기에 흥미를 느낌

+

교과	성취기준
과학	빛, 온도, 물 등과 같은 환경 요인이 생물에 미치는 영향을 알고, 생물이 환경에 적응한다는 것을 이해한다.
실과	생활 속의 동물을 돌보는 방법과 성장 과정을 설명할 수 있다. 애완동물이나 경제 동물을 실제 생활에 이용할 수 있다.

주제: 함께 자라는 나와 병아리

(경제동물 '닭' 기르기 프로젝트학습)

세 번째 방법은 사회적 이슈와 관련하여 주제를 선정하는 경우이다.

사회적 이슈: 한국과 일본의 관계 - 일본의 수출 규제 - 일본제품 불매 운동 - 일본의 경제보복	

교과	성취기준
국어	- 매체 자료를 활용하여 내용을 효과적으로 발표한다.
사회	- 광복을 위하여 힘쓴 인물(이회영, 김구, 유관순, 신채호 등)의 활동을 파악하고, 나라를 되찾기 위한 노력을 소중히 여기는 태도를 기른다.

▼

주제: 일제강점기 역사 알리기

(일제강점기 역사 해설사 프로젝트학습)

마지막으로 학교 행사와 연계하여 주제를 선정하는 경우이다.

문화유적지 체험학습 실시

교과	성취기준
사회	- 우리 지역을 대표하는 유·무형의 문화유산을 알아보고, 지역의 문화유산을 소중히 여기는 태도를 갖는다. - 우리 지역과 관련된 역사적 인물의 삶을 알아보고, 지역이 역사에 자부심을 갖는다.

▼

주제: 나는 문화해설사!

(문화유산, 역사적 인물과 관련된 장소를 선택·조사하여 체험학습장소 공모에 응모하며 선정된 체험학습 장소에서 문화해설사로 활동하는 프로젝트학습)

교육과정 분석하기

    교사는 교육과정의 성취기준 분석을 통하여 가르치고 배워야 할 내용이 무엇인지 정확히 파악해야 하며 학생들은 프로젝트학습을 통해 성취기준에 도달해야 한다. 다음은 〈나는야 신문기자〉 프로젝트학습의 성취기준과 교과서를 분석한 내용이다.

성취기준
〔4국02-04〕글을 읽고 사실과 의견을 구별한다.
〔4국03-03〕관심 있는 주제에 대해 자신의 의견이 드러나게 글을 쓴다.

차시 학습 목표 (총 10차시)

교과	단원	차시 학습 목표	차시
국어	4. 일에 대한 의견	사실과 의견의 차이점을 안다.	1-2
		글을 읽고 사실과 의견을 구별할 수 있다.	3-4
		사실에 대한 의견을 말할 수 있다.	5-6
		사실에 대한 의견을 쓸 수 있다.	7-8
		학급에서 일어난 일에 대해 의견이 드러나게 쓸 수 있다.	9-10

배워야 할 내용	– 사실과 의견의 차이점 이해하기	산출물
실천해야 할 활동	– 사실과 의견 구별하기 – 사실에 대한 의견을 표현하기	신문기사

분석한 내용으로 배워야 할 내용과 실천해야 할 활동을 추출하였다. 배워야 할 내용은 프로젝트학습을 하는 동안 강의식으로 지식을 배울 수도 있으며 탐구 과정에서 습득할 수도 있고 알고 있는 지식을 활용할 수도 있다.

실태 분석하기

일반 수업에서 같은 내용을 배우더라도 학생들의 특성에 맞게 학습 자료와 방법을 적용한다. 프로젝트학습에서도 학생의 실태가 주제 선정, 주제망, 배움 활동 구상, 학생의 자율권 등에 영향을 미친다.

먼저 프로젝트학습과 관련된 실제 경험을 파악해야 한다. 다음 사례처럼 실제성을 고려하지 않으면 목표에 도달하기 어렵다. 실제성을 반영한 프로젝트학습이어야만 몰입감을 줄 수 있다.

교사는 수학과, 실과의 성취기준을 분석하여 〈나만의 식당 운영하기〉 프로젝트학습을 구상하였다. 수학에서는 비와 백분율, 실과에서는 음식 만들기 내용을 가져왔다. 학생들이 자신의 지역에서 식당을 운영한다고 가정하고 상가의 월세와 식재료 가격을 조사해서 고정 지출을 알도록 하였다. 비와 비율을 이용하여 이익을 위한 수입과 음식 가격을 책정하는 활동으로 구상하였다.

하지만 실제로 월세가 얼마인지 조사하는 과정에서 섬 지역인 이곳은 매매만 존재하여 상가 월세라는 개념이 없었다. 또 수학에 대한 흥미와 성취도가 낮아 식재료 가격을 바탕으로 음식 가격을 계산하는 과정이 너무 어렵게 느껴져 금방 흥미를 잃었다. 결국 학생들은 음식 만들기에만 흥미를 가지고 참여했다. 이번 프로젝트학습은 수학과 성취기준에 도달하지 못하였다. 이후 교사는 시간을 더 확보하여 성취기준 도달에 미흡한 수학의 배움을 지원할 수밖에 없었다.

프로젝트학습에 대한 경험 정도도 파악해야 한다. 프로젝트학습 경험이 없다면 프로젝트학습 근육 기르기부터 시작한다. 경험이 많다면 수준 높은 주제로 시작하여 기간을 길게 하거나 학생의 자율권을 많이 부여하는 방식으로 운영할 수 있다.

학생들의 인지적 특성이 어떠한지도 파악해야 한다. 배경지식을 가지고 있는 학생들이 많다면 지식을 활용할 수 있는 프로젝트학습을 계획할 수 있다. 또한 선수학습이 제대로 돼 있는지도 파악해야 한다.

학생들의 행동 특성도 파악해야 한다. 꾸미기를 좋아하거나 역할극을 좋아한다면 프로젝트학습(결과물의 형태가 한정되는 경우는 제외) 결과물의 형태도 달라질 것이다.

학생들의 정의적 특성도 파악해야 한다. 협업 능력이 어느 정도 되는지, 프로젝트학습에 대한 흥미도는 어떤지를 파악한 뒤 서약서 쓰기 등을 통해 책임감을 기르는 활동을 제공할 수 있다.

더불어 학생들의 인터넷 검색, 문서작성, 프레젠테이션 작성, 자료 공유와 정리 등의 실태도 파악하여 프로젝트학습에 반영할 수 있다.

학생의 실태에 따라 프로젝트학습이 어떻게 달라지는지 사례를 통해 알아보자.

프로젝트학습 주제: 우리 지역의 역사적 인물을 찾아서

프로젝트학습 내용: 역사적 인물을 선정하고 조사하여 모둠별로 산출물 만들기

실태 반영 내용: 본 학급은 프로젝트학습을 3회 정도 경험하여 프로젝트질 문의 선택권을 주어 역할과 내용을 선정할 수 있도록 하였다. 또한 모둠의 자율권을 보장하고 행동적 특성이 반영되도록 하여 산출물은 역사신문, 인물을 나타내는 영상, 인물에게 쓰는 편지 등 다양하게 나타났다.

프로젝트질문 예시	배우로서 이순신 장군의 위대한 점을 어떻게 나타낼 수 있을까?
산출물	역할극

주제망 구상하기

주제를 선정하면 프로젝트학습 전개를 예상하는 주제망을 짜야 한다. 목표를 생각하여 학습 내용, 기간 등 다양한 각도에서 프로젝트학습을 준비할 수 있으며 학생 입장에서 흥미로운지, 학습량은 적정한지를 고려할 수 있다. 주제망의 내용은 프로젝트학습의 목적, 알아야 할 내용과 기르고자 하는 역량, 학습 결과물, 발표 방법 등 다양하게 구성할 수 있다. 이렇게 구성한 주제망은 다음 단계인 프로젝트질문 구상하기의 바탕이 된다.

〈우리말을 지켜라〉 프로젝트학습의 주제망을 살펴보면 비속어, 은어, 신조어 등 우리 말 실태를 조사하고 분석하여 수학적 자료로 나타낸다. 실제 생활 관련 자료를 활용하여 수학적으로 나타내며 실생활에서 수학

적 지식을 활용하고 실제 언어생활에 대해 생각하는 기회를 제공하여 올바른 언어생활 태도를 함양하도록 하였다. 이러한 활동으로 의사소통 역량, 지식정보 처리 역량, 공동체 역량, 자기관리 역량이 길러지도록 계획하였다.

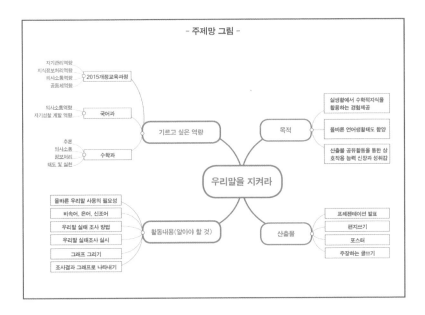

프로젝트질문 구상하기

교육과정에는 도달해야 할 목표가 있으며 교과별, 단원별, 차시별 학습 목표가 존재한다. 학습 목표란 일련의 교수학습과정을 통해 학생이 도달할 것으로 기대되는 결과이다. 프로젝트학습은 특정 주제를 중심으로 교육과정을 편성하는 학습의 한 형태이다. 프로젝트학습도 다른 형태

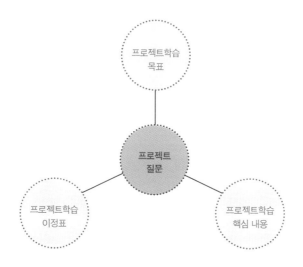

의 학습과 마찬가지로 교수학습과정의 방향과 도달할 목표가 있다. 이러한 도달점을 프로젝트질문이라고 한다. 프로젝트질문은 교사와 학생들에게 프로젝트학습 주제를 해결하는 목표점이 되기도 하고 목표에 도달하는 데 필요한 핵심내용을 포함하기도 한다. 또한 프로젝트학습이 진행되는 동안 활동 순서와 나아갈 방향을 알려주는 이정표 역할을 한다.

　다른 형태의 학습과 프로젝트학습의 가장 중요한 차이점은 학생이 주도적으로 이끌어 나가는 것이다. 학생들은 함께 만든 프로젝트질문을 통해 스스로 배움 활동을 구성하고 실행계획을 수립하기도 한다. 프로젝트질문의 질과 수준에 따라 학생의 목표 달성 정도가 달라진다. 프로젝트질문이 학생 수준과 주제에 맞으면 성취기준 달성에 적합한 배움 활동을 구성하겠지만 수준이나 주제에서 벗어나면 성취기준 달성에 적합하지 않은 배움 활동을 구성할 것이다.

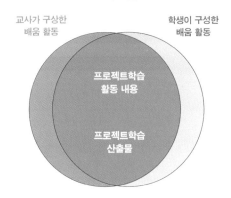

프로젝트질문

교사가 구상한   학생이 구성한
배움 활동   배움 활동

프로젝트학습
활동 내용

프로젝트학습
산출물

교사가 의도한 계획에 따라 배움 활동을 구성하고 선택할 수 있게
만들어주는 것이 '프로젝트질문'이다.

잘 세워진 프로젝트질문은 학생들을 성취기준과 부합하는 방향으로 나아가게 해준다. 다음에 나오는 두 가지 프로젝트질문의 차이점을 비교해보자.

1. 주제: 우리 지역 야구팀을 구해줘!
2. 성취기준: [6수04-03]비율을 이해하고, 비율을 분수, 소수, 백분율로 나타낼 수 있다.
3. 교사가 의도한 프로젝트학습 활동: 우리 지역 야구팀의 각종 기록(백분율, 할푼리)을 분석하여 순위 상승에 도움을 줄 수 있는 산출물을 제작해보자.
4. 프로젝트질문에 따른 학생들의 프로젝트학습 활동 아이디어

> 적절하지 못한 프로젝트질문: 우리 지역 야구팀의 순위
> 상승을 위해 무엇을 할 수 있을까?

– 우리 지역 야구팀 응원하기

– 응원가 외우기

– 선수에게 팬레터 보내기

> 적절한 프로젝트질문: 우리가 기록분석가로서, 우리 지역
> 야구팀의 순위 상승을 위해 무엇을 할 수 있을까?

– 우리 지역 야구팀의 선수 기록 알아보기

– 기록(백분율) 해석하는 방법 알아보기

– 야구 규칙 알아보기

– 우리 지역 야구팀과 다른 지역 야구팀의 기록 비교하기

교사는 비와 비율 등의 수학 지식을 활용한 프로젝트학습을 구성하려고 한다. 적절하지 못한 프로젝트질문을 학생들과 함께 정했다면 어떤 일이 벌어질까? 학생들은 성취기준과 먼 야구팀 응원하기, 응원가 외우기 등의 배움 활동을 구성했다. 이렇게 의도와 벗어난 배움 활동을 학생들에게 제시하게 되고 학생들은 선택이 제한된 프로젝트학습에 흥미를 잃어 프로젝트학습에 대한 반감이 생길 수도 있다. 교사는 프로젝트질문을 작성할 때 다음과 같은 다양한 요소를 신중하게 고려해야 한다.

프로젝트질문은 일정하게 정해져 있지 않으나 주제, 학생 수준, 학습 내용에 따라 보통 다음과 같은 형태로 제시된다.

> (역할)로서 (목적이나 대상)을 위하여 (해야 할 일, 결과)를
> 어떻게 할 수 있을까? (존라머·존머겐달러·수지보스, 2017)

학생의 수준과 성취기준을 고려하여 교사는 적절한 수준의 프로젝트 질문을 공유해야 한다. 학생의 수준이 낮고 저학년이며 성취기준 달성을 위한 활동의 폭이 좁다면 구체적으로 공유하는 것이 좋다. 반대로 학생의 수준이 높고 고학년이며 성취기준 달성을 위한 활동의 폭이 넓다면 주제에 따라 추상적으로 공유하는 것이 좋다.

또한 주제나 성취기준, 학생의 수준에 따라 교사의 관여를 최소화하고 학생들이 주도적으로 프로젝트질문을 만들고 활동계획을 수립할 수 있도록 해야 한다.

주제: 세계 여러 나라 소개하기
성취기준: [6사07-04] 의식주 생활에 특색이 있는 나라나 지역의 사례를 조사하고, 이를 바탕으로 하여 인간 생활에 영향을 미치는 여러 자연적, 인문적 요인을 탐구한다.

A모둠
소주제: 이탈리아 식문화 소개하기
프로젝트질문: 요리프로그램 MC로서 초등학교 시청자들을 위해
　　　　　　　어떻게 파스타를 소개할 수 있을까?

B모둠
소주제: 스페인 관광지 가이드하기
프로젝트질문: 스페인을 처음 방문하는 관광객을 위한
　　　　　　　여행프로그램을 어떻게 만들 수 있을까?

C모둠
소주제: 유럽의 스포츠 소개하기
프로젝트질문: 운동을 좋아하는 사람들에게 영국의
　　　　　　　인기 스포츠를 어떻게 소개할 수 있을까?

위의 주제와 성취기준의 경우에는 학생들이 정할 수 있는 탐구내용이 광범위하다. 이런 경우 선택권을 제한하기보다는 학생의 실태를 고려하여 보다 다양한 선택권을 줄 수 있다.

교사는 올바른 방향으로 이끌어 줄 프로젝트질문을 어떻게 만들고 제시할 것인지 끊임없이 고민해야 한다. 잘 다듬어지고 정선된 프로젝트질문은 프로젝트학습을 성공으로 이끈다.

〈프로젝트학습 주제에 따른 프로젝트질문 예시〉

주제: 고무동력 자동차 경주대회 우승자는 누구?
프로젝트질문: 자동차 제작자로서 어떻게 하면 고무동력
　　　　　　　자동차 경주대회에서 우승할 수 있을까?

주제: Show me the Dance!
프로젝트질문: 영화 음악의 느낌을 무용으로
　　　　　　　어떻게 표현할 수 있을까?

주제: 그림자연극
프로젝트질문: 연극 연출가로서 2학년 학생들에게
　　　　　　　그림자연극을 어떻게 할 수 있을까?

주제: 역사적 인물을 찾아서
프로젝트질문: 배우로서 왕인 박사의 삶을
　　　　　　　어떻게 나타낼 수 있을까?

주제: 일제강점기 역사알리기
프로젝트질문: '역사알리미'로서 5학년 학생들에게
　　　　　　　일제강점기 역사를 어떻게 알릴 수 있을까?

배움 활동 구상하기

교사는 주제망과 프로젝트질문을 반영한 배움 활동을 세워야 한다. 배움 활동은 배워야 할 내용과 실천해야 할 활동을 포함하며 나중에 학생들이 세우는 배움 활동과 관련이 있으나 꼭 똑같아야 하는 건 아니다. 학생들이 제안하는 배움 활동이 성취기준과 프로젝트질문을 해결하기에 적절하다면 허용하는 것이 좋다. 그러한 의미에서 교사의 배움 활동

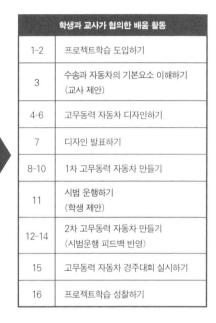

교사가 구상한 배움 활동	
1-2	프로젝트학습 도입하기
3	수송과 자동차의 기본요소 이해하기
4-6	고무동력 자동차 탐색 및 디자인하기
7	디자인 발표하기
8-10	1차 고무동력 자동차 만들기
11	중간 발표하기 및 피드백
12-14	2차 고무동력 자동차 만들기 (시범운행 피드백 반영)
15	고무동력 자동차 경주대회 실시하기
16	프로젝트학습 성찰하기

학생과 교사가 협의한 배움 활동	
1-2	프로젝트학습 도입하기
3	수송과 자동차의 기본요소 이해하기 (교사 제안)
4-6	고무동력 자동차 디자인하기
7	디자인 발표하기
8-10	1차 고무동력 자동차 만들기
11	시범 운행하기 (학생 제안)
12-14	2차 고무동력 자동차 만들기 (시범운행 피드백 반영)
15	고무동력 자동차 경주대회 실시하기
16	프로젝트학습 성찰하기

구상하기는 나중에 학생들이 세울 배움 활동을 교사 입장에서 미리 세워보고 프로젝트학습의 방향을 생각해보는 것이다. 교육과정을 편성하여 학습 내용을 학생 실태에 맞게 바꾸고 프로젝트학습 시수에 대해서도 고민해 볼 수 있다.

평가 계획하기

교사는 프로젝트학습에서 이루어지는 활동에 대한 평가 내용을 계획해야 한다. 평가 내용은 단계별, 영역별로 나누어 생각할 수 있다.

	평가 내용
도입단계	− 계획서 평가(성취기준에 도달할 수 있는 내용 포함 여부, 역할 분담의 적절성 (협력과 협업 태도), 책임감, 발표 대상, 발표 방법 적절성 등)
탐구단계	− 교사가 학생들에게 제공하는 피드백 − 중간발표 결과물 − 문제해결력 − 협력과 협업 태도 − 단위 차시별 활동 수행 태도 − 프로젝트질문 해결을 위한 탐구 활동
공유단계	− 산출물 평가 − 성취기준 도달 정도
정리단계	− 프로젝트학습을 통해 알게 된 점(자기 평가) − 협력과 협업 시 자신과 동료의 태도 − 다음 프로젝트학습을 위해 보완할 점

프로젝트학습에서 평가는 단계에 따라 도입, 탐구, 공유, 정리 평가로 구분할 수 있다. 정리단계의 경우 산출물의 종류에 따라 평가 형태가 달라지기도 한다.

프로젝트학습 평가는 영역에 따라 성취기준과 핵심역량으로 구분할 수 있다. 성취기준에서 학생들이 배워야 할 내용과 협력, 비판적 사고력, 문제해결력, 자기관리 능력, 의사소통 능력 등의 핵심역량을 평가 내용에 포함할 수 있다.

도입단계에서 학생들에게 평가 내용을 안내하고 방향성을 제시한다. 프로젝트학습을 진행할 때 학생들이 지속적으로 확인할 수 있도록 안내하면 좋다.

영역	평가 내용
성취기준	- 매체 자료를 활용하여 내용을 효과적으로 발표하는가? - 주어진 자료를 띠그래프와 원그래프로 나타내는가? - 자료를 수집, 분류, 정리하여 목적에 맞는 그래프로 나타내고, 그래프를 해석하는가?
핵심역량	- 책임감을 가지고 자신의 역할을 수행하는가? - 문제를 해결하기 위해 다른 팀원들을 존중하며 협력하여 활동하는가? - 프로젝트질문과 대상을 고려하여 산출물을 제작하는가? - 일상생활에서 우리말을 바르게 사용하는 태도를 지니는가?

환경 및 모둠 조성하기

적절한 프로젝트학습을 진행하기 위해서는 프로젝트학습 주제에 적합한 환경을 구성해야 한다. 학생들이 정보검색을 쉽게 할 수 있도록 교실 내 학생용 컴퓨터나 태블릿PC를 비치한다든지 집중도를 높이기 위해 계획서와 관련 내용을 기재하는 게시판을 꾸미는 것도 좋다. 프로젝트학습에 대한 교사의 배경지식과 더불어 환경 조성에도 많은 신경을 써야 한다.

주제: Show me the Dance!

프로젝트학습 내용: 창작 무용으로 경연 대회 참가하기

환경 조성 내용: 태블릿PC는 다양한 영화 음악을 듣고 선택하며 무용 안무를 참고하여 무용을 창작하는 데 사용하였다. 무용을 창작하고 연습하기 위해 2개의 교실이 필요하였으며 모둠별로 영상을 찍기 위해서는 1개의 교실이 더 필요하였다.

주제: 함께 자라는 나와 병아리 기르기

프로젝트학습 내용: 경제동물 '닭' 기르기

환경 조성 내용: 경제동물 닭을 기르기 위해 알을 부화시키는 부화기를 교실에 놓았다. 부화기는 24시간 전기가 들어오는 전원이 필요하며 병아리를 기르기 위한 공간도 필요하였다.

▶
교실에 설치한 부화기

효율적인 모둠 구성은 프로젝트학습에 대한 책임감과 집중도를 높일 수 있다. 교사가 의도적으로 모둠을 구성할 때는 책임감, 의사소통 능력, 리더십, 주제 관심도, 정보 활용 능력 등을 고려해야 한다. 학생이 주도적으로 모둠을 구성하면 높은 모둠 의식을 갖게 되고 성공할 가능성이 크다. 모둠 구성 방법은 주제에 따라 교사가 의도적으로 하거나 학생이 주도적으로 할 수 있다.

	모둠 구성 시 질문
책임감	주어진 역할에 책임감을 가지고 수행할 수 있는가?
의사소통 능력	상대방의 의견을 잘 받아주며 자신의 의견을 표현할 수 있는가?
리더십	문제를 해결하기 위해 모둠원을 잘 이끌어갈 수 있는가?
주제 관심도	프로젝트학습 주제에 관심이 높은가?
정보활용능력	정보를 검색하고 잘 정리할 수 있는가?

도입단계:
프로젝트학습 몰입하기

선장은 항해를 준비하는 단계에서 항로를 철저히 분석하고, 항해 도중에 발생할 수 있는 위기를 헤쳐나갈 방법 등을 고려하여 항해 계획을 세웠다. 이제 선장은 성공적인 항해를 위해 자신이 세운 항해 계획을 선원들과 공유해야 한다. 선장과 선원들이 항해 계획을 공유하는 것은 성공적인 항해의 밑바탕이 된다. 선장이 항해의 목적, 선원의 역할, 유의점 등을 자세히 안내하면 선원들은 자기 역할을 분명하게 인식한다. 자신의 역할을 분명히 인식한 선원은 항해에 대해 긍정적인 마음과 주인의식이 생겨 항해의 성공에 기여한다.

항해를 떠나기 전 선장과 선원들의 첫 만남은 프로젝트학습의 도입단계와 유사하다. 도입단계에서 학생은 교사가 설계한 프로젝트학습을 처음 만난다. 도입단계에서 학생이 프로젝트학습을 하고자 하는 동기가 생겨야 프로젝트학습에 몰입할 수 있다. 항해 전 선장과 선원의 첫 만남처럼 도입단계에서 프로젝트학습에 대해 긍정적 이미지를 갖는 것이 매우 중요하다.

보통 도입단계는 주제 안내하기, 동기 유발하기, 프로젝트질문 구성하기, 배움 활동 구성하기, 계획서 및 계약서 작성하기, 평가 기준 제시하기로 이루어진다. 이제 각 활동에 대해 자세히 살펴보자.

- 주제 안내하기
- 동기 유발하기
- 프로젝트질문 구성하기
- 배움 활동 구성하기
- 계획서 및 계약서 작성하기
- 평가 기준 제시하기

주제 안내하기

사람에 대한 이미지는 첫 만남에서 대부분 결정된다. 첫 만남에서 긍정적인 이미지를 형성하면 긍정적 인간관계를 맺을 확률이 높아진다. 프로젝트학습도 마찬가지다. 주제 안내하기는 학생이 프로젝트학습과 처음 만나는 단계이다. 학생이 프로젝트학습을 처음 접할 때 긍정적인 마음이 형성되면 프로젝트학습에 몰입할 확률이 높아진다. 따라서 주제 안내하기에서 학생이 주제에 대해 긍정적으로 생각할 수 있도록 해야 한다. 주제 안내에서 교사와 학생 간, 학생과 학생 간에 이야기를 나누는 기회와 시간을 충분히 가져야 한다.

주제를 안내하는 방법은 매우 다양하다. 일반적으로 가장 많이 쓰는 방법은 교사 안내하기, 관련 영상 보기, 미리 경험하기, 주요 단어 발표하기가 있다.

교사 안내하기는 주제에 대한 학생의 배경지식을 활성화하기 위해 교사와 학생이 이야기를 나누면서 프로젝트학습과 학생의 첫 만남을 이어 주는 방법이다. 예를 들어 〈나는야 신문기자!〉에서 교사와 학생은 '신문 하면 어떤 생각이 떠오르나요?', '신문기자는 어떤 일을 하나요?', '최근에 가장 기억에 남는 신문 기사는 무엇인가요?' 같은 질문에 대해 이야기를 나누면서 프로젝트학습과 첫 만남을 가졌다. 학생들은 신문기자의 역할과 신문에 대한 경험을 떠올리며 프로젝트 주제에 관심을 갖기 시작했다.

둘째, 관련 영상 보기는 프로젝트학습 주제와 관련된 영상을 보고 이야기를 나누면서 주제를 파악하는 방법이다. 예를 들어 〈Show me the dance〉에서는 K-POP 안무가 관련 영상을 보고, '안무가는 무슨 일을 하나요?', '안무가는 무엇을 잘할 수 있어야 하나요?', '여러분이 안무가라면 어떤 노래의 안무를 만들고 싶은가요?' 같은 질문에 대해 이야기를 나누면서 프로젝트학습이 안무와 관련됨을 파악하였다.

셋째, 미리 경험하기는 프로젝트학습을 시작하기 전에 주제와 관련된 경험을 의도적으로 하게 하는 방법이다. 예를 들어 〈기아타이거즈를 구하라〉에서는 아침 활동 시간, 중간 놀이 시간, 쉬는 시간에 '기아타이거즈'의 전날 경기 결과에 대해 일주일 동안 이야기를 나누었다. 이를 통해 학생이 현재 기아타이거즈가 연패의 수렁에 놓여 있는 매우 심각한 상황임을 이해했고, 기아타이거즈 성적 반등에 관심을 갖게 되었다.

마지막으로 주요 단어 발표하기는 학생에게 주제를 미리 안내하고, 자신이 중요하다고 생각하는 단어를 조사하여 발표하는 방법이다. 예를 들어 〈일제강점기 역사 알리미〉에서는 많은 학생이 '일제강점기'에 대해 조사하여 발표하였다. 이를 통해 일제강점기에 우리 조상들이 겪은 아픔에 대해 이해하게 되었고, 다시는 이런 역사가 되풀이되지 않도록 다른 사람에게 일제강점기에 대해 알려야겠다는 다짐을 하였다.

도입단계에서 주제 안내하기와 동기 유발하기를 정확하게 구별하기는 어렵다. 실제 프로젝트학습에서는 주제 안내하기와 동기 유발하기를 기계적으로 구별하지 않고 프로젝트학습 주제에 대해 관심을 갖도록 동기를 강화하며, 프로젝트질문을 설정하는 데 도움이 되게 실행하면 된다.

동기 유발하기

앞에서 말한 바와 같이 도입단계에서 주제 안내하기와 동기 유발하기는 구별하기 어렵다. 두 활동을 유기적으로 실행하면서 프로젝트학습에 몰입하도록 하는 데 목적이 있다. 그러나 두 활동은 유사하면서도 추구하는 중점은 조금 다르다. 주제 안내하기는 프로젝트학습의 이미지를 긍정적으로 형성하고, 진행 방향을 안내하는 데 중점을 두는 반면, 동기 유발하기는 프로젝트학습과 관련된 배경지식을 활성화하여 프로젝트질문 형성에 도움을 주는 데 중점을 둔다.

프로젝트학습에서 동기를 유발하는 방법은 다양하다. 학생이 프로젝트학습에 몰입할 수 있는 한두 가지 방법을 결합하여 실행해야 효과가 크다. 프로젝트학습 선행연구 고찰과 어수선연구회의 실천 경험을 바탕으로 효과적인 동기 유발 방법을 정리해보았다.

① 프로젝트학습과 관련된 영상을 보여준다

가장 많이 쓰는 동기 유발 방법이다. 〈고무동력 자동차 경주대회 우승자는 누구?〉 프로젝트학습에서 자동차 경주대회, 고무동력 자동차, 자동차 제작자 관련 영상을 보고 이야기를 나누면서 동기를 유발함.

② 프로젝트학습을 요청하는 글을 제시한다

– 학교 올림픽 개최를 요청하는 교장선생님의 편지를 바탕으로 학교 올림픽 프로젝트학습을 실시함.

– 지역신문사 대표가 신문에 실을 지역 알리기 8컷 만화를 요청해 와 우리 지역 알리기 프로젝트학습을 실시함.

③ 대회를 개최한다

학급신문 만들기 대회를 개최하여 학급신문 만들기 프로젝트학습을 실시함.

④ 지역사회 인사를 초청한다

– 소방관 만남의 시간을 갖고, 우리 학교 안전지킴이 프로젝트학습을 실시함.

– 군수 만남을 통해 우리 지역에서 발생한 문제의 해결방안을 탐색하는 프로젝트학습을 실시함.

⑤ 현장체험학습을 간다

지역 유적지로 현장 체험을 가서 훼손된 유적지 모습을 보고, 지역유적지 보호 프로젝트학습을 실시함.

⑥ 직접 경험해보게 한다

비율이 다른 스무디를 맛보고 비율과 요리 관련 프로젝트학습을 실시함.

⑦ 관련 뉴스를 본다

안락사 관련 뉴스를 보고 안락사 찬반 토론 프로젝트학습을 실시함.

⑧ 인터넷 사이트를 활용한다

일제감정기 관련 인터넷 사이트를 방문하고, 일제감정기 알리기 프로젝트학습을 실시함.

⑨ 고정관념을 깨트리는 자료를 읽는다

- 학생의 비만율과 관련된 통계자료를 보고, 건강 프로젝트학습을 실시함.
- 천연기념물의 생애에 관한 고정관념을 깨트리는 글을 읽고, 천연기념물 보호 프로젝트학습을 실시함.

효과적으로 동기를 유발하기 위해서는 목적, 실제 상황, 학생의 역할, 결과물, 청중, 성공 판단기준을 안내해야 한다. 동기 유발은 위의 6

가지 요소를 충분히 반영하는 게 가장 바람직하다. 그렇다고 모든 동기 유발에서 6가지 요소를 반드시 안내하라는 것은 아니다. 경우에 따라 일부 요소만 반영할 수도 있다. 어떤 요소를 안내할지 판단하는 기준은 학생이 몰입하는 데 도움이 되는가를 판단기준으로 교사가 전문성을 발휘하여 결정해야 한다.

이제 효과적인 동기 유발을 위한 요소가 어떻게 적용되었는지 실제 사례를 통해 살펴보자. 〈고무동력 자동차 경주대회 우승자는 누구?〉는 동기 유발을 위해 '자동차 경주대회 영상', '다양한 고무동력 자동차 소개', '자동차 제작자가 하는 일'의 영상을 보여주고 학생과 아래 질문을 중심으로 이야기를 나누면서 동기를 유발하였다.

영상	질문
자동차 경주대회 영상	자동차 경주 대회에서 우승하기 위해서는 어떤 점이 가장 중요할까요?
다양한 고무동력 자동차 소개	어느 고무동력 자동차가 자동차 경주 대회에서 우승할지 예상해 봅시다. 그 이유는?
자동차 제작자가 하는 일	자동차 제작자에게 가장 필요한 능력은 무엇이라고 생각합니까? 그 이유는?

〈고무동력 자동차 경주대회 우승자는 누구?〉에서 동기 유발 요소가 적용된 사례를 정리하면 다음과 같다.

요소	지향점	적용
목적	궁극적으로 달성하고자 하는 결과가 제시되어야 함.	다양한 고무동력 자동차 영상과 자동차 경주대회 영상을 통해 고무동력 자동차 경주대회 우승이 목적임을 인식함.
실제적 상황	실제 삶과 밀접한 상황이 제시되어야 함.	실태 조사에서 자동차 만들기를 가장 선호한 학생의 요구를 반영하였음.
역할	성공적인 프로젝트학습을 위해 자신이 맡게 된 역할이 제시되어야 함.	자동차 제작자 영상을 보고 자신의 역할이 자동차 제작자임을 인식함.
결과물	산출될 결과물을 안내해야 함.	고무동력 자동차 영상과 자동차 경주대회 영상을 통해 고무동력 자동차와 경주대회 결과가 결과물임을 인식함.
청중	결과물은 청중에 따라 달라지므로 결과를 공유할 청중을 안내해야 함.	반에서 고무동력 자동차 경주대회가 열리기 때문에 청중이 우리반 친구들임을 인식함.
성공 기준	프로젝트학습의 성공 여부를 판정할 판단기준을 안내해야 함.	평가기준 제시하기에서 고무동력 자동차 경주대회 완주를 성공기준으로 제시함.

프로젝트질문 설정하기

인류의 3대 발명품인 나침반은 220년경 중국에서 처음 발명되었다. 나침반은 계속 발전을 거듭하면서 11세기경 중국에서 아랍으로, 아랍에서 유럽으로 확산되었다. 나침반의 발전과 확산으로 배는 더 빠른 시간에 안전하게 목적지에 도착할 수 있었고, 이전보다 난파의 위험을 대폭 낮추어 대항해 시대를 촉발하였다.

프로젝트질문은 대항해시대의 나침반과 같은 역할을 한다. 교사에게는 프로젝트학습을 지원할 방향을 제시하고, 학생에게는 프로젝트학습의 방향을 안내한다. 학생은 프로젝트질문을 바탕으로 자기주도적으로 프로젝트학습의 방향을 설정하고 깊이 있게 탐구하여 성공적인 프로젝트학습을 수행해 낸다.

이제 프로젝트학습에서 나침반의 역할을 하는 프로젝트질문 설정하기에 대해 구체적으로 살펴보자.

앞에서 프로젝트질문에 대해 자세히 다루었다. 여기서는 좋은 프로젝트질문이 갖추고 있는 조건에 대해 간략히 제시하고자 한다. 좋은 프로젝트질문은 다음과 같은 조건을 갖추고 있다.

- 흥미를 가지고 참여할 수 있는가?
- 프로젝트질문 해결을 통해 성취기준을 달성할 수 있는가?
- 프로젝트질문 해결 과정이 다양한가?
- 학생이 프로젝트질문을 이해할 수 있는가?
- 프로젝트질문을 해결하기 위해 깊은 탐구와 고등 사고능력이 필요한가?

위의 5가지 조건은 교사가 설정한 프로젝트질문의 적절성을 판단하거나, 적절하지 못한 프로젝트질문을 수정할 때 매우 유용하다. 〈나는야 신문기자!〉에서 위의 조건을 바탕으로 프로젝트질문의 적절성을 평가하여 부족한 부분을 수정하였다. 모둠 단위의 학급신문 만들기를 개인의 신문 기사 쓰기로 수정한 것이다. 프로젝트학습 질문의 적절성을 판단하고 이를 수정한 결과 학생의 흥미와 관심, 책임감이 더욱 강화되어 학생이 프로젝트학습에 몰입하여 깊은 탐구를 할 수 있는 결과를 가져왔다.

또한 학생이 교육과정 성취기준에 도달할 수 있었으며 학생의 고등 사고 능력이 신장되는 학습 결과가 나타났다.

프로젝트 주제	나는야 신문기자!
관련 성취기준	〔4국02-04〕 글을 읽고 사실과 의견을 구별한다. 〔4국03-03〕 관심 있는 주제에 대해 자신의 의견이 드러나게 글을 쓴다.

▼

〔수정 전〕		〔수정 후〕
신문기자로서 어떻게 하면 ○○○ 관련된 학급신문을 잘 만들 수 있을까?	→	나는 신문기자로서 어떻게 하면 ○○○에 대한 신문기사를 잘 쓸 수 있을까?

프로젝트질문은 프로젝트학습의 유형, 학생의 수준, 학생의 프로젝트 학습 경험 정도, 교사의 교수 성향 등에 따라 학생이 스스로 설정하는 경우(학생 탐색형), 교사가 기본 틀을 제공하고 학생과 상호작용하여 프로젝트질문을 형성하는 경우(기본 틀 제시형), 교사가 직접 제시하는 경우(교사 제시형)로 구분할 수 있다.

먼저, 학생 탐색형은 주제 안내와 동기 유발을 바탕으로 프로젝트질문을 학생이 스스로 설정하는 방식이다. 이 방식은 프로젝트학습 경험을 갖춘 학생을 대상으로 적용해야 효과적이다. 그리고 프로젝트학습 결과물의 형태가 다양하게 나올 수 있을 때 효과적이다. 학생 탐색형은 다른 유형보다 학생에게 더 큰 주인의식을 심어주는 강점이 있다.

둘째, 기본 틀 제시형은 교사가 설정한 프로젝트질문의 핵심단어나 학생의 선택권이 보장되는 부분을 빈칸으로 제시하고, 학생과 상호작용하여 프로젝트질문을 설정하는 방식이다. 이 방식은 학생 탐색형과 교사 제시형의 중간 단계 형태로 프로젝트질문을 처음 설정하는 초보 학생에게 유용하다. 기본 틀 제시형을 통해 학생이 프로젝트질문을 설정해 본 경험은 이후 학생 탐색형을 더 쉽게 설정하는 데 도움이 된다.

셋째, 교사 제시형은 교사가 프로젝트질문을 직접 제시하는 방식이다. 이 방식은 학생이 프로젝트학습 경험이 적거나, 프로젝트학습의 결과물이 정해졌거나, 프로젝트학습의 난이도가 높을 경우에 적합한 방법이다. 이때 주의할 점은 교사가 제시한 프로젝트질문을 학생이 수용할 수 있도록 주제 안내와 동기 유발을 의미 있게 진행해야 한다. 만약 학생이 교사가 제시한 프로젝트질문을 받아들이지 않는다면 대항해의 필수품인 나침반이 제대로 작동하지 않는 것과 같은 상황이기 때문에 프로젝트학습이 성공하기 어렵다.

다음은 프로젝트질문의 3가지 유형이 실행된 예이다.

유형	주제	동기 유발 활동	프로젝트질문
학생 탐색형	세계문화 소개하기	세계 여러 나라의 특색 있는 의식주 문화를 소개하는 동영상 보기	〔모둠1〕여행가이드로서 어떻게 해야 스페인 여행을 준비하는 여행객들을 도울 수 있을까? 〔모둠 2〕요리 프로그램 제작자로서 어떻게 해야 초등학생 시청자들에게 이탈리아 음식을 소개할 수 있을까?
기본 틀 제시형	고무동력 자동차 경주대회 우승자는 누구?	각종 영상 보고 이야기 나누기	(자동차 제작자)로서 어떻게 하면 (고무동력 자동차 경주대회)에서 우승할 수 있을까?
교사 제시형	Show me the dance	영화 음악에 안무를 짜서 공연하는 안무가 영상	영화 음악의 느낌을 어떻게 무용으로 표현할 수 있을까?

배움 활동 설정하기

사람들은 남이 시켜서 하는 일보다 스스로 찾아서 일을 할 때 더 열심히 한다. 프로젝트학습에서도 마찬가지다. 교사가 제시한 배움 활동을 하는 것보다 자신이 설정한 배움 활동을 할 때 더 열심히 참여한다. 그렇기 때문에 프로젝트질문을 해결하기 위한 배움 활동을 설정할 때 학생의 선택권을 최대한 보장해야 한다.

그렇다면 학생이 설정한 배움 활동은 모두 실시해야 할까? 아니다. 배움 활동 선정에 대한 판단기준은 교육과정 성취기준 달성 기여도에 따라 달라진다. 교육과정 성취기준 달성에 기여하는 배움 활동을 선정한다. 기여하지 못하는 배움 활동은 학생들에게 이유를 설명하여 설득한 뒤 제외해야 한다. 만약 교사가 설계단계에서 모색한 필수적인 배움 활동을 학생이 설정하지 못한다면 어떻게 해야 할까? 이 경우에는 교사가 배움 활동을 해야 하는 이유를 설명하고, 함께 해보자고 권유하여 실시해야 한다.

학생이 성취기준과 밀접하지 않은 배움 활동을 설정하거나, 교사가 생각한 필수적인 배움 활동을 설정하지 못한다면 교사는 이전 활동이 제대로 이루어졌는지 성찰해야 한다.

이제부터 교사와 학생이 상호작용하여 배움 활동을 설정하는 방법을 자세히 살펴보자. 일반적으로 배움 활동 설정은 다음에 제시된 3단계 절차를 활용하면 효과적이다.

이 방법은 개인→모둠→전체로 사고의 공유를 넓혀가면서 프로젝트 질문을 해결하는 데 적합한 배움 활동을 설정할 수 있다. 1단계에서는 개인별로 배움 활동을 모색하고, 2단계에서는 개인이 모색한 배움 활동을 모둠에서 비슷한 내용끼리 유목화하며, 3단계에서는 모둠에서 제시한 배움 활동을 바탕으로 학급 전체에서 이야기를 나누어 프로젝트질문 해결에 적합한 배움 활동을 설정한다. 모둠별로 프로젝트질문이 다른 경우에는 2단계까지만 실시하면 된다.

단계	주요 활동
1단계	개인별로 프로젝트질문을 해결하기 위해 '배워야 할 내용'과 '실천해야 할 활동'을 포스트잇에 적기
2단계	모둠별로 비슷한 내용끼리 유목화하여 허니컴보드에 적기
3단계	칠판에 붙은 허니컴보드를 바탕으로 학생과 교사가 상호작용하여 배움활동과 시수를 설정하기

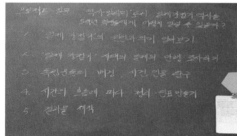

◀
학급에서 배움 활동을 설정한 모습

〈고무동력 자동차 경주대회 우승자는 누구?〉에서는 '자동차 제작자로서 어떻게 하면 고무동력 자동차 경주대회에서 우승할 수 있을까?'라는 프로젝트질문을 해결하기 위해 배워야 할 내용과 실천해야 할 활동을 개인별로 포스트잇에 적었다. 그리고 모둠에서 비슷한 내용끼리 유목화하여 허니컴보드에 적고 칠판에 붙였다. 마지막으로 교사와 학생이 칠판에 붙은 허니컴보드를 바탕으로 우리 반 전체의 배움 활동과 시수를 설정하였다.

교사는 프로젝트학습 설계단계에서 모둠에서 만든 고무동력 자동차를 설명하는 중간발표 시간을 갖고 피드백을 받아 고무동력 자동차를 수정·보완하게 하였다. 그런데 배움 활동을 설정하는 과정에서 학생들은 중간발표보다 시범 운행을 원하였다. 시범 운행은 다른 학생의 피드백을 받고자 하는 중간발표의 목적을 달성하면서 경쟁이라는 요소가 가미되어 학생의 흥미도 끌 수 있어 학생의 의견을 받아들였다.

교사는 '수송과 자동차의 구조 이해하기'를 필수 배움 활동으로 구상하였는데 학생은 그 활동을 모색하지 못하였다. 그래서 교사가 직접 나서서 수송과 자동차의 구조에 대해 배워야 고무동력 자동차를 디자인하는 데 도움이 된다고 설명하고 배움 활동에 포함하였다. 다음은 교사가 설계한 배움 활동이 학생과 교사의 협의로 바뀐 최종 배움 활동을 정리한 내용이다.

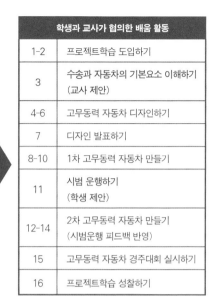

교사가 설계한 배움 활동		학생과 교사가 협의한 배움 활동	
1-2	프로젝트학습 도입하기	1-2	프로젝트학습 도입하기
3	수송과 자동차의 기본요소 이해하기	3	수송과 자동차의 기본요소 이해하기 (교사 제안)
4-6	고무동력 자동차 탐색 및 디자인하기	4-6	고무동력 자동차 디자인하기
7	디자인 발표하기	7	디자인 발표하기
8-10	1차 고무동력 자동차 만들기	8-10	1차 고무동력 자동차 만들기
11	중간 발표하기 및 피드백	11	시범 운행하기 (학생 제안)
12-14	2차 고무동력 자동차 만들기 (시범운행 피드백 반영)	12-14	2차 고무동력 자동차 만들기 (시범운행 피드백 반영)
15	고무동력 자동차 경주대회 실시하기	15	고무동력 자동차 경주대회 실시하기
16	프로젝트학습 성찰하기	16	프로젝트학습 성찰하기

프로젝트학습의 전개 과정은 다양하다. 〈고무동력 자동차 경주대회 우승자는 누구?〉처럼 학급 전체가 동일한 배움 활동을 실천하는 경우도 있고, 〈일제강점기 역사 알리미〉처럼 모둠별로 프로젝트질문이 달라 모둠별로 배움 활동이 다른 경우도 있으며, 〈6월 항쟁 알리미〉처럼 탐구단계의 배움 활동은 동일하나 정리단계의 배움 활동이 다른 경우도 있다. 아래는 프로젝트학습에 따라 배움 활동 전개가 다른 각각의 배움 활동을 정리한 내용이다.

주제	프로젝트질문	배움 활동		
고무동력 자동차 경주대회 우승자는 누구?	자동차 제작자로서 어떻게 하면 고무동력 자동차 경주대회에서 우승할 수 있을까?	〈반 전체 동일한 배움 활동〉 -고무동력 자동차 만드는 법 배우기 -고무동력 자동차 디자인하기 -고무동력 자동차 만들기 -시범운행하기 -고무동력 자동차 경주대회 실시하기		
일제강점기 역사알리미	역사알리미로서 어떻게 하면 독립운동을 4학년 동생들에게 잘 설명할 수 있을까?	〈모둠별로 배움활동이 다른 경우〉 【A모둠】 - 김구 선생의 일생 조사하기 -프레젠테이션하기		【B모둠】 -임시정부에 대해 조사하기 -역할극하기
6월 항쟁 알리미	역사알리미로서 어떻게 하면 6월 항쟁을 4학년 동생들에게 잘 설명할 수 있을까?	〈탐구단계 동일, 공유단계 다를 경우〉		
		탐구단계	- 6월 항쟁 조사하기	- 6월 항쟁 조사하기
		공유단계	-프레젠테이션하기	-역할극하기

계획서 및 계약서 작성하기

어떤 일을 처리할 때 막무가내로 하는 것보다 구체적인 계획을 세워 처리하는 것이 효율적이다. 그리고 어떤 다짐을 혼자 마음속으로 할 때 보다 다른 사람에게 공언할 때 더 큰 책임감을 갖는다. 일상생활에서의 계획 세우기와 다짐하기는 프로젝트학습에서 계획서와 계약서 작성하기로 실현된다.

계획서는 장기간의 프로젝트학습 과정에서 프로젝트학습의 방향을 유지하기 위해 작성하며, 계약서는 개개인의 책임을 명확히 하여 무임승차를 최대한 줄이고자 작성한다. 대부분의 프로젝트학습에서는 계획서와 계약서를 하나로 합쳐서 제시한다.

그럼 〈고무동력 자동차 경주대회 우승자는 누구?〉와 〈Show me the dance〉를 중심으로 프로젝트학습 계획서 및 계약서 작성하기를 자세히 살펴보자.

프로젝트학습 계획서에는 프로젝트 주제, 프로젝트질문, 배움 활동과 배정 시수, 산출물 형태, 발표 대상, 발표 방법, 개인 역할, 일정 등이 포함되어야 한다. 그래야 학생이 장기간의 과정에서 프로젝트학습의 방향을 유지하고, 교사는 학생이 배움 활동을 원활하게 수행하는지 점검할 수 있다.

계획서에 포함되는 요소는 프로젝트학습의 주제와 프로젝트질문에 따라 달라진다. 〈고무동력 자동차 경주대회 우승자는 누구?〉에서는 학급 전체가 동일한 배움 활동을 진행하므로 일정 부분을 제외하였다. 〈Show me the dance〉에서는 모둠별 자율권을 최대한 보장하기 위해 배움 활동과 시수를 제외하였다.

◀

〈고무동력 자동차 경주대회 우승자는 누구?〉
계획서와 계약서

프로젝트학습 계약서는 프로젝트학습에 대한 학생의 책임을 명확히 하여 무임승차를 최대한 줄이는 데 목적이 있다. 계약서에 포함되어야 하는 요소는 역할, 지켜야 할 약속, 서명 등이다.

계약서는 작성에 머물지 말고 모둠 또는 학급 전체를 대상으로 공언하여 프로젝트학습에 대한 학생의 역할을 성실히 수행하도록 하는 것이 효과적이다.

평가기준 제시하기

평가기준은 항해의 종착지처럼 프로젝트학습을 마치고 도달하기 바라는 최종 목표이다. 그러므로 평가기준은 프로젝트학습을 통해 달성해야 할 성취기준과 신장시켜야 할 핵심역량을 명시적으로 포함해야 한다. 학생은 평가기준을 프로젝트학습 과정에서 계속 상기하면서 성취기준을 달성하고, 핵심역량을 신장시키기 위해 노력해야 한다.

평가기준을 효과적으로 제시하는 방법은 다음과 같다. 먼저 학생이 평가기준을 명확히 이해하도록 해야 한다. 도입단계에서 프레젠테이션 자료, 인쇄물 등을 활용하여 평가기준을 명확히 제시하고, 핵심역량도 이해하기 쉬운 문장으로 표현하여 제시해야 한다. 학생이 평가기준을 명확히 이해하지 못한다면 평가기준을 제시하는 것은 무의미하다. 그러므로 교사가 효율적인 전략을 활용해서 평가기준을 명확히 이해하도록 해야 한다.

둘째, 평가기준을 주기적으로 안내해야 한다. 사람은 망각의 동물이다. 도입단계에서 평가기준을 한 번 제시하는 것으로 끝내면 학생은 물론 교사도 평가기준을 기억하기 힘들 것이다. 그러므로 주기적으로 안내하여 학생이 평가기준을 잊지 않도록 해야 한다.

마지막으로 학급게시판에 평가기준을 게시하면 효과적이다. 학급게시판에 프로젝트 주제, 프로젝트질문, 교사와 학생이 함께 설정한 배움활동, 평가기준을 게시해야 한다. 이를 통해 학생은 장기간의 프로젝트 학습 과정에서 방향을 유지하고, 프로젝트질문을 해결하기 위해 자기주도적으로 몰입하여 탐구할 수 있다. 또 현재 배움 활동이 어디에 위치해 있는지, 앞으로 무슨 활동을 해야 하는지 알 수 있다. 이를 통해 자신의 부족한 부분을 보충하여 배움이 빛나는 프로젝트학습이 가능하다.

아래는 〈Show me the dance〉의 평가기준이다. 학생이 쉽게 이해할 수 있도록 성취기준과 핵심역량을 교사가 번안하여 제시하였다.

【관련 성취기준】
〔6체04-05〕 주제 표현을 구성하는 표현 요소와 창작 과정의 특징을 탐색한다.
〔6체04-08〕 주제와 관련된 다양한 표현 방식을 이해하고 자신의 느낌과
생각에 따라 창의적인 방법으로 표현한다.
〔6음03-01〕 음악을 활용하여 가정, 학교, 사회 등의 행사에 참여하고 느낌을 발표한다.

▼

성취기준	• 영화 음악과 관련하여 자신의 생각과 느낌을 표현하는가? • 다양한 표현 요소를 활용하여 창의적으로 무용을 구성하는가? • 자신이 좋아하는 영화 음악을 소개하는가?	동료, 관찰 동료, 관찰 관찰
핵심역량	• 정해진 역할을 책임감 있게 해결하려고 노력하는가?(자기관리 역량) • 무용 창작을 위해 모둠원과 협력하는가?(공동체 역량) • 프로젝트질문을 잘 해결해 내는가?(지식정보처리역량)	자기, 관찰 동료 프로젝트

탐구단계:
프로젝트질문 해결하기

　항해를 떠나기 전에 선장과 선원들은 항해 계획을 공유하기 위한 만남을 가졌다. 이를 통해 선원들은 항해에 대해 긍정적인 마음을 갖게 되었고, 자신이 맡은 역할을 이해하였으며, 항해에 대한 주인 의식이 고취되었다.

　이제 항해를 떠난다. 망망대해에서 선원들은 최선을 다해 자신이 맡은 일을 수행한다. 선장은 자신이 세운 계획대로 항해가 진행되고 있는지 점검하고, 혹시 어려움을 겪는 선원이 있는지 살펴본다. 만약, 어려움을 겪는 선원이 있다면 따스한 관심과 적절한 지원으로 어려움을 해결하도록 돕는다.

　이제 배는 망망대해까지 나왔다. 하늘의 장난인가? 선장은 큰 태풍이 다가온다는 일기예보를 듣게 된다. 선장은 태풍의 경로를 파악하여 피해를 최소화하기 위한 방법을 선원들과 함께 모색한다. 모색한 방법을 실현하기 위해 선장은 선원들이 맡은 역할에 최선을 다할 것을 당부하고 선원들은 자신이 맡은 역할을 수행한다. 3일 동안의 태풍은 무사히 지나

갔다. 선장과 선원들이 함께하지 않았다면 위기를 이겨내지 못했을 것이다. 태풍을 이겨낸 선장과 선원들은 목적지를 향해 계속 나아간다.

성공적인 항해를 위해 선장과 선원들이 자신의 역할을 성실히 수행하고, 위기를 극복하기 위해 함께 노력하는 모습은 프로젝트학습 탐구단계와 유사하다.

선원들이 항해 중에 자신이 맡은 역할을 성실히 수행하듯이 탐구단계에서 학생은 프로젝트질문을 해결하기 위해 다양한 탐구를 성실히 실천해야 한다. 탐구단계에서 교사는 어려움을 겪는 학생에게 지속적인 관심을 기울이고, 적절한 피드백으로 도와줘야 한다. 탐구단계에서 학생의 자기주도적이고 적극적인 탐구와 교사의 적절한 피드백이 조화를 이루어야 성공적인 프로젝트학습이 가능하다.

탐구단계는 일반적으로 탐구하기, 교사 피드백 제공하기, 중간발표하기로 이루어진다. 이제 각 활동에 대해 자세히 살펴보자.

- 탐구하기
- 교사 피드백 제공하기
- 중간발표하기

탐구하기

프로젝트학습에서 탐구 활동은 프로젝트질문을 해결하는 데 가장 중추적인 활동으로 프로젝트학습 성패에 결정적인 역할을 한다. 학생이 자기주도적이고 적극적으로 탐구한다면 성공할 확률이 높아지고, 자신이 맡은 역할을 제대로 수행하지 못하거나 무임승차한다면 실패할 확률이 높아진다.

일반적으로 탐구를 인터넷이나 책에서 정보를 조사하는 활동으로 한정한다. 프로젝트학습에서는 탐구를 조금 확장해서 바라본다. 프로젝트학습에서 말하는 탐구는 프로젝트질문을 해결하기 위한 모든 유목적적인 활동이다. 탐구 활동을 구체적으로 살펴보면 학생이 무언가를 예측하고, 가설을 세우고, 점검하고, 결정하고, 토의하고, 토론하고, 설명하고, 인터뷰하고, 체험하고, 방문하고, 새로이 추진하고, 관찰하고, 누군가를 격려하고, 만들고, 보고하는 것 등을 모두 포함한다. 아래는 프로젝트학습에서 실행한 탐구활동을 정리한 내용이다. 프로젝트질문을 해결하기 위한 모든 배움 활동이 탐구 활동임을 알 수 있다.

〈프로젝트학습 탐구 활동 예시〉

주제	프로젝트질문	프로젝트학습 탐구 활동
고무동력 자동차 경주대회 우승자는 누구?	자동차 제작자로서 어떻게 하면 고무동력 자동차 경주대회에서 우승할 수 있을까?	-고무동력 자동차 구동원리 조사하기 -고무동력 자동차 조사하기 -고무동력 자동차 디자인하기 -고무동력 자동차 만들기 -고무동력 자동차 경주대회 실시하기 등
Show me the dance!	영화 음악의 느낌을 어떻게 무용으로 표현할 수 있을까?	-영화 음악 선택하기 -무용의 표현요소 조사하기 -무용 창작하기 -무용 발표하기 등
기아 타이거즈를 구하라!	우리가 기록분석가로서 기아 타이거즈의 순위 상승을 위하여 무엇을 할 수 있을까?	-비와 비율 이해하기 -기아팀 분석하기 -야구 경기 관람하기 -제안서 만들기 등

이제 프로젝트학습 과정에서 이루어지는 탐구 활동을 어떻게 도와야 하는지 살펴보자.

먼저, 학생이 탐구과정에 몰입하도록 해야 한다. 학생들은 프로젝트학습이 내 삶과 관련이 있고, 결과가 내 삶에 영향을 미친다고 느끼며, 프로젝트학습 방향을 이해할 때 몰입하여 탐구한다. 그러므로 교사는 학생이 몰입하도록 실제성을 갖추도록 설계하고, 프로젝트학습의 방향을 정확히 이해하도록 도와야 한다.

〈The 살기 좋은 마을을 위해 노력하는 사람들〉은 제안하는 글쓰기의 국어과 성취기준과 우리 지역 문제 해결하기의 사회과 성취기준을 재구성한 프로젝트학습이다. 이 프로젝트학습은 학생이 살고 있는 지역의 문제를 탐색하고, 문제를 해결하기 위한 방안을 조사 및 인터뷰 등을 통해 마련하여, 제안하는 글을 써서 지방자치단체(군청, 시청 등) 홈페이지에 올려 지역 문제를 해결하는 프로젝트학습이다. 학생은 프로젝트학습을 통해 자신이 살고 있는 지역의 문제를 적극적으로 몰입하여 탐구하였다. 학생이 살고 있는 지역은 학생 자신의 삶과 밀접한 관련이 있기 때문이다.

둘째, 프로젝트질문을 해결하는 데 적합한 탐구 활동을 하도록 도와야 한다. 특히 프로젝트질문과 관련 없는 재미와 흥미를 위한 탐구 활동이나 프로젝트질문과 관련 없는 탐구 활동은 하지 말아야 한다. 〈고무동력 자동차 경주대회 우승자는 누구?〉에서 고무동력 자동차 구동원리 조사하기, 고무동력 자동차 디자인하기, 고무동력 자동차 경주대회 실시하기 등은 프로젝트질문 해결에 기여하므로 적합한 탐구 활동이다. 그러나 고무동력 자동차 꾸미기와 같은 탐구 활동은 프로젝트질문 해결과 성취기준 달성과 밀접한 관련이 없으므로 적합하지 않다. 그러므로 고무동력 자동차 꾸미기에 집중하는 모둠이 있다면 교사는 프로젝트질문 해결에 도움이 되는 탐구 활동을 하도록 도와야 한다. 예외적으로 어느 모둠에서 프로젝트학습의 실행 속도가 다른 모둠에 비해 빨라 모든 활동을 내실 있게 실천했다는 전제하에 시간이 남는다면 고무동력 자동차를 꾸미는 것은 가능하다.

마지막으로 개인 탐구보다 협력 탐구를 하도록 도와야 한다. 프로젝트학습의 탐구는 개인 탐구와 협력 탐구로 구분할 수 있는데 기본적으로 협력 탐구를 지향한다. 타인과 상호작용하는 협력 탐구 과정에서 의사소통 능력·인간관계 능력과 같은 핵심역량이 신장되고, 인성도 함양되며, 서로 가르치고 배우면서 성취기준 달성도 이루어지기 때문이다. 그렇다고 해서 개인 탐구를 하지 말라는 말은 아니다. 프로젝트학습의 주제와 방향에 따라 개인 탐구만 실천할 수 있고, 개인 탐구와 협력 탐구를 병행하여 실천할 수도 있다.

〈고무동력 자동차 경주대회 우승자는 누구?〉는 모든 배움 활동에서 협력 탐구로 구성한 프로젝트학습이다. 이 프로젝트학습은 모둠이 함께 힘을 합쳐 고무동력 자동차를 만들고 고무동력 자동차 경주대회에 참여하는 것이 프로젝트질문과 성취기준 달성에 적합하기 때문이다. 이에 반해 〈나는야 신문기자!〉는 개인 탐구와 협력 탐구를 병행한 프로젝트학습이다. 신문 기사를 쓸 때는 개인 탐구를 하고, 쓰는 방법을 배우거나 고쳐쓰기를 할 때는 협력 탐구를 하였다.

교사 피드백 제공하기

항해에서 선장의 따스한 관심과 적절한 도움은 선원들의 사기를 높여 주고, 맡은 역할을 완수하는 데 큰 도움이 된다. 프로젝트학습에서 교사의 따스한 관심과 적절한 피드백은 프로젝트학습의 질을 향상시켜 학생의 배움을 촉진하고, 일부 학생의 무임승차를 예방할 수 있다.

프로젝트학습의 피드백은 성취기준에 대한 학생의 배움을 촉진하기 위한 '배움 중심 피드백'과 프로젝트학습을 지원하기 위한 '운영 중심 피드백'으로 구분할 수 있다. 프로젝트학습은 학생의 흥미와 관심을 반영한 실제성 있는 문제를 해결하는 과정에서 성취기준에 대한 배움을 중요시한다. 그러므로 교사는 프로젝트학습을 실행할 때 배움 중심 피드백을 주로 제공해야 한다. 그러나 실제 프로젝트학습에서는 일정 관리하기, 무임승차 학생 지도하기, 학생 간 갈등 관리하기 등의 운영 중심 피드백 제공이 더 많고, 더 중요하게 다루는 경우가 많다. 진정한 프로젝트학습을 실천하기 위해서는 이제부터라도 프로젝트학습 본질에 맞게 학생 개개인의 배움 과정을 돕는 배움 중심 피드백을 중요시해야 한다.

학생 개개인의 배움 과정을 돕는 배움 중심 피드백은 다음과 같이 제공하면 효과적이다.

첫째, 성취기준과 관련된 피드백을 제공해야 한다. '그림자연극'의 성취기준을 분석하면 연극하기가 주요한 학습 요소가 아니고, 빛의 원리 이해가 주요한 학습 요소이다. 연극은 프로젝트학습에서 만들어지는 산출물의 한 형태이다. 그러므로 교사는 연극 요소에 대한 피드백보다는 빛의 원리에 대한 피드백을 제공해야 한다.

둘째, 배움을 촉진하는 피드백을 제공해야 한다. 먼저 교사는 학생이 프로젝트학습을 통해 배워야 할 성취기준을 달성했는지 확인해야 한다. 성취기준을 달성하지 못한 학생이 있다면 학생 개개인의 특성에 맞는 피드백을 구체적으로 제공하여 성취기준을 달성하도록 도와주어야 한다.

셋째, 시기에 따라 적절한 피드백을 제공해야 한다. 프로젝트학습 초기에는 활동 하나하나에 대한 세세한 피드백보다는 학생이 프로젝트학습 주제, 프로젝트질문을 이해하여 프로젝트학습의 방향성을 이해하는 데 중점을 두고 피드백을 제공해야 한다. 프로젝트학습 중반부터는 내실 있는 탐구 활동이 되도록 활동 하나하나에 대해 구체적인 피드백을 제공하여 진정한 배움이 일어나도록 해야 한다.

마지막으로 학생의 수준과 필요에 적합한 피드백을 제공해야 한다. 지식 이해가 부족한 학생에게는 지식 이해를 돕는 피드백, 기능 적용을 어려워하는 학생에게는 기능 적용을 용이하게 하는 피드백을 제공해야 한다.

프로젝트학습의 원활한 운영을 돕는 '운영 중심 피드백'은 다음과 같이 제공하면 효과적이다.

첫째, 무임승차를 예방하기 위한 피드백을 제공해야 한다. 원활한 프로젝트학습을 위해서는 자신이 맡은 일을 성실히 수행해야 한다. 그러나 프로젝트학습을 진행하다 보면 무임승차하는 학생이 발생하기 마련이다. 무임승차 학생은 개인적으로 자신의 학습 권리를 포기하는 것에 머물지 않고, 다른 모둠원에게 피해를 준다. 이 때문에 교사는 지속적인 피드백을 통해 무임승차 학생이 발생하지 않도록 해야 한다. 무임승차를 관리하는 방법은 학급 규모에 따라 다르다. 다인수 학급에서는 교사가 학생의 모든 활동을 관찰하기 어렵기 때문에 모둠장에게 권한과 그에 따른 책임을 부여하여 무임승차를 줄이도록 해야 한다. 소인수 학급에서는 교사가 학생의 모든 활동을 관찰할 수 있기 때문에 교사가 학생의 활동 모습을 관찰하여 무임승차를 예방하고 역할을 해내도록 촉진해야 한다.

둘째, 프로젝트학습의 방향성을 유지하도록 피드백을 제공해야 한다. 프로젝트학습은 장시간에 걸쳐 실천되므로 학생의 집중력이 떨어져 학습의 방향을 잃게 되는 경우가 발생한다. 이로 인해 프로젝트질문과 무관한 탐구 활동을 하기도 한다. 교사의 시의적절한 피드백은 학생의 집중력을 유지시키고 학생이 올바른 방향으로 프로젝트학습을 수행할 수 있도록 하는 역할을 한다.

마지막으로 메타인지를 신장시키는 피드백을 제공해야 한다. 학생이 프로젝트학습에 대한 메타인지를 갖추게 되면 학생 자신의 역할과 책임을 깨닫고 프로젝트학습에 더욱 적극적으로 참여하게 된다. 이를 위해 교사는 '이 프로젝트학습은 왜 하지?', '자동차 경주대회에서 우승하려면 어떻게 하는 게 더 좋을까?', '자동차 경주대회에서 우승하려면 어떤 자동차가 더 유리할까?', '이렇게 디자인하면 튼튼할까?', '이렇게 디자인하면 빠를까?'와 같은 피드백을 제공하여 학생의 메타인지를 신장시켜야 한다.

중간발표하기

중간발표는 이제까지 진행된 탐구 활동 결과를 공유하면서 다른 모둠의 장점을 배우고 다양한 피드백을 통해 프로젝트학습의 질을 향상하는 과정이다. 의미 있는 중간발표가 되기 위해서는 다음과 같은 점에 유의해야 한다.

첫째, 학생이 중간발표의 목적을 분명히 인식하고 있어야 한다. 중간발표는 모둠 결과물을 공식적으로 발표하고, 보충할 부분에 대해 피드백을 받으며, 다른 모둠의 장점을 본받아 프로젝트학습의 질을 향상시키기 위해 실시한다는 것을 분명히 인식하도록 해야 한다. 그래야 다른 모둠의 장점을 자세히 살펴보고, 다른 사람의 피드백을 비판적으로 수용할 수 있다.

둘째, 중간발표 발표물을 꾸미는 데 많은 공을 들이지 말아야 한다. 발표자가 말하고자 하는 메시지인 '내용'과 그 메시지를 시각화한 '표현'이 균형 있어야 좋은 발표물이라고 할 수 있다. 중간발표 결과물은 중간발표 후 피드백을 바탕으로 보완하므로 표현에 많은 노력을 들일 필요가 없다. 표현보다 내용에 집중하고, 부족한 표현은 말로 설명하면 된다. 〈고무동력 자동차 경주대회 우승자는 누구?〉에서는 갤러리워크(Gallery Walk) 형식으로 모둠의 고무동력 자동차 디자인 결과물을 중간발표하였다. 이때 교사는 디자인을 예쁘게 표현하는 데 노력을 들이지 말고 고무동력 자동차의 특징이 잘 드러나는 디자인을 스케치하도록 안내하였다.

셋째, 피드백은 내용을 중심으로 이루어져야 한다. 앞에서 강조했듯이 중간발표는 표현보다는 내용이 중요하다. 그러므로 피드백도 표현보다는 내용을 중심으로 제공해야 한다. 〈고무동력 자동차 경주대회 우승자는 누구?〉에서 '고무동력 자동차 디자인이 깔끔하게 스케치되지 않았으니 깔끔하게 스케치했으면 합니다', '발표할 때 좀 더 큰 목소리로 발표했으면 합니다'와 같은 피드백은 피하도록 지도하였다. 이런 피드백보다 '고무동력 자동차 디자인을 살펴보면 구동장치가 작동하지 않을 것 같으니 수정이 필요해요', '고무동력 자동차가 튼튼하지 않은 것 같으니 고무막대를 이중으로 겹쳐서 만들어야 할 것 같아요' 등과 같이 표현보다는 내용이 중심이 되는 피드백을 하도록 지도하였다.

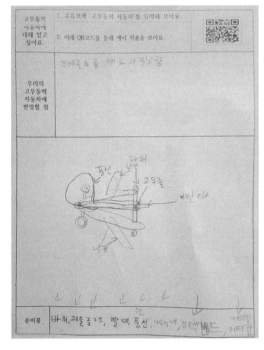

마지막으로 중간발표 방법으로 많이 쓰이는 갤러리워크를 소개하고자 한다. 갤러리워크는 짧은 시간에 모둠의 발표물을 소개하고, 피드백을 받으며, 다른 모둠의 장점을 파악하는 장점이 있다.

갤러리워크 순서는 다음과 같다.

1. 모둠원별로 1, 2, 3, 4번으로 모둠 내 번호를 정한다.

2. 모둠에서는 모둠의 발표물을 함께 준비한다. 준비는 모두 함께 하지만 발표는 한 명이 돌아가면서 한다.

3. 모둠의 발표자료를 각 벽면에 붙인다. 만약 4모둠이라면 앞, 뒤, 좌, 우 4곳에 붙인다.

4. 각 모둠에서 1번이 모둠을 대표해 발표를 한다. 나머지 모둠원은 시계 방향(또는 반대 방향)으로 이동하면서 다른 모둠 발표자의 발표를 듣는다. 그리고 발표 모둠의 발표물에 대한 피드백을 제공한다. 이 과정을 '1턴'이라고 부른다.

5. 다음 턴에서는 2번이 자기 모둠 발표를 하고, 나머지 모둠원은 시계 방향으로 계속 이동하면서 다른 모둠의 발표를 듣는다. 그리고 발표 모둠의 발표물에 대한 피드백을 제공한다. 이 과정을 반복한다.

6. 맨 마지막 턴에서는 선정된 1명은 모둠을 대표해 발표를 하고, 나머지 모둠원은 자신이 가고 싶은 모둠에 가서 발표를 듣고 피드백을 제공한다.

공유단계:
산출물 발표하기

요즘은 시기와 방법이 많이 바뀌었지만 대부분 학교에서는 학년말이 되면 교육과정 발표회를 실시한다. 각 학년 혹은 학급에서는 교육과정 발표회를 위하여 주제를 정하고 열심히 준비하여 발표한다. 공유단계는 교육과정 발표회에서 준비한 것을 발표하는 것과 비슷하다. 탐구단계의 내용을 다양한 형태의 산출물로 발표하는 단계이기 때문이다.

이때 산출물 형태를 결정하는 방법은 2가지가 있는데 첫 번째는 교사가 산출물의 형태를 학생들에게 제시하는 경우이고, 두 번째는 학생들이 산출물의 형태를 직접 결정하는 경우이다.

산출물 형태에 대해 학생들에게 결정권을 주는 것이 프로젝트학습에서 지향하는 바다. 하지만 프로젝트학습을 처음 접하거나 익숙하지 않은 학생들에게는 교사가 산출물의 형태를 정해주는 것이 효과적일 수 있다. 학생의 수준을 고려하지 않고 모든 것을 학생에게 맡기는 것은 프로젝트학습의 지향점이 아니기 때문이다.

산출물 발표를 할 때는 학급 외의 청중이 참석하는 것이 더 효과적이다. 어수선연구회에서 프로젝트학습을 운영했을 때 발표회의 청중을 학급 학생들로만 설정한 것보다 다른 학급이나 다른 학년 학생으로 설정했을 때 준비성과 책임감이 확실히 더 높아졌다. 우리 학급 학생이 아닌 다른 누군가가 나의 프로젝트학습 결과를 본다는 것이 학생들에게는 책임감이 더해져 동기 유발이 될 수도 있기 때문이다.

산출물 발표 계획 세우기

프로젝트학습에서 산출물 발표 계획 세우기는 산출물의 형태에 따라 실시해야 하는 경우와 실시하지 않아도 되는 경우로 나눌 수 있다.

모둠별로 산출물의 형태가 다양한 프로젝트학습에서는 산출물 발표 계획 세우기를 실시하는 경우가 많고, 동일한 형태의 산출물을 발표하는 프로젝트학습에서는 산출물 발표계획 세우기를 실시하지 않아도 되는 경우가 많다.

산출물 발표계획 세우기 단계를 실시한 예로는 〈안전한 학교 만들기〉라는 프로젝트학습이 있다. 이 프로젝트학습의 프로젝트질문은 '어떻게 해야 000초등학교를 안전한 학교로 만들 수 있을까?'이다. 우리 학교의 안전사고 실태를 파악한 뒤 모둠별로 안전한 학교를 만들기 위한 안전 캠페인 활동, 안전사고 지도 만들어 배포하기, 우리 학교 안전지킴이 활동 등 다양한 산출물 발표계획 세우기를 하였다. 이때 학생들은 산출물 형태, 대상 청중, 산출물 준비 기간, 발표 방법 등을 고려하여 구체적인 산출물 발표계획을 세울 수 있다.

산출물 발표계획 세우기 단계를 실시하지 않은 예로 〈고무동력 자동차 경주대회 우승자는 누구?〉라는 프로젝트학습이 있다. 이처럼 자동차의 구성 요소와 고무동력 자동차의 구동 원리를 배우고, 모둠별로 고무동력 자동차를 디자인하고, 이를 바탕으로 동일한 형태의 산출물인 고무동력 자동차를 만든 경우에는 고무동력 자동차를 디자인하는 활동이 산출물 발표계획 세우기와 동일한 역할을 한다. 그러므로 〈고무동력 자동차 경주대회 우승자는 누구?〉에서는 군이 산출물 발표계획 세우기를 실행해서 진행 과정을 어색하게 할 필요가 없다.

정리하자면 프로젝트학습에서 산출물 발표계획 세우기는 프로젝트학습의 진행 과정이 학생들의 사고 흐름을 방해하지 않는 범위에서 교사가 판단하여 실시할 수도 있고, 생략할 수도 있다.

산출물 발표 준비하기

산출물 발표 준비하기는 산출물의 내용과 종류에 따라 다양한 활동이 이루어지는 단계이다. 이 단계에서 가장 중요한 것은 교사의 역할이다. 교사는 팀의 발표 진행 상황을 지속적으로 점검해야 하며, 원활한 산출물 제작을 위한 피드백 등을 끊임없이 제공해야 한다.

산출물 준비단계에서 첫 번째로 교사가 중점을 두어야 할 부분은 산출물 제작 시 팀별 역할 분담, 내용구성, 준비 기간이 계획대로 진행되는지 살펴보는 것이다.

피드백 시 교사가 고려해야 할 점	
1. 역할 분담	· 산출물 제작 시 역할 분담에 따라 역할을 수행하고 있는가? · 산출물 제작 시 무임승차를 하고 있는가?
2. 내용구성	· 산출물 내용이 프로젝트 주제 및 프로젝트질문과 일치하는가? · (청중이 있다면) 청중의 수준에 알맞은 표현과 내용인가? · 발표장소 및 시설에 적절한가? · 발표내용이 주제에 어울리는가?
3. 준비 기간	· 주어진 준비 기간 안에 산출물을 완성할 수 있는가? · 팀별 산출물 준비를 위해 교사가 지원해야 할 것은 무엇인가?

역할 분담의 경우 가장 많이 발생하는 문제점은 완성도 있는 산출물을 만들어내기 위해 능력(학업 또는 제작)이 우수한 학생이 대부분의 역할을 수행하는 것이다. 준비 기간은 정해져 있고 시간이 다가올수록 학생들은 다급해진다. 능력이 뛰어난 학생들은 역할 수행을 어려워하는 학생을 답답해하며 본인이 대신 하기 일쑤이다. 교사가 이 부분을 방치한다면 또 다른 무임승차의 요인을 만들고 프로젝트학습의 의미가 퇴색된다. 교사는 학생들에게 뛰어난 산출물을 만드는 것이 목적이 아니며 산출물을 만드는 과정이 의미가 있음을 안내하고 끊임없이 개입하여 피드백을 제공해야 한다.

두 번째로 중점을 두어야 할 부분은 산출물의 내용이 프로젝트질문 및 주제와 일치하는지 점검하는 것이다. 프레젠테이션 형태 산출물의 경우 산출물의 내용보다 프레젠테이션 애니메이션 꾸미기, 불필요한 사진 삽입 등과 같은 프로젝트질문 및 주제와 크게 관련이 없는 곳에 관심을 가지는 경우가 있다. 또 연극 형태 산출물의 경우 본인들만의 재미를 위해 주제와 관련 없는 장면이나 개그 요소를 포함시키는 경우도 있다. 이 경우에 교사는 본인들의 재미도 중요하지만 청중과 발표자 모두에게 유의미한 배움이 있어야 한다는 점을 인식시켜야 한다. 또한 산출물이 청중의 수준에 알맞은 표현과 내용으로 구성되고 있는지 점검해야 한다. 초등학교 저학년을 대상으로 하는 산출물의 형태와 고학년 혹은 교외 인사를 대상으로 하는 산출물의 형태는 달라질 수밖에 없기 때문이다.

마지막으로 교사가 관심을 가져야 할 부분은 준비 기간 내 산출물이 완성될 수 있도록 지원하는 것이다. 계획보다 준비 기간이 길어지는 경우 예비시간을 활용하여 준비하거나 산출물 발표를 미뤄 준비 기간을 마련해주는 방법도 있다. 하지만 산출물의 종류와 형태, 상황에 따라 준비 기간을 추가로 마련할 수 없는 경우도 있다(지역사회와 한 약속, 행사 날짜 확정, 교육과정 내 활용 시간 부족 등). 따라서 교사는 산출물을 준비하는 매 시간 점검하여 산출물 제작 및 준비가 원활히 이루어지도록 피드백을 해야 하며 도움이 필요한 경우 적극적으로 지원을 해주어야 한다.

중간발표를 통하여 최종 산출물을 준비하는 것도 좋다. 팀별로 서로 교차 점검을 하여 완성도 있는 산출물을 만들 수 있고 의미 있는 소통으로 협력하는 자세를 기를 수 있다.

산출물 발표하기

산출물 발표하기는 산출물의 종류, 청중 등에 의해서 다양하게 운영될 수 있다. 발표는 실제적인 청중 앞에서 하는 것이 가장 효과적이다. 공개수업을 통해 다른 선생님들께 보여주거나 다른 학급 또는 부모님,

전문가에게 발표할 수 있다. 이때 다양한 방법으로 발표를 진행할 수 있다. 프레젠테이션이나 전시회, 원고 투고, 학교, 지역사회의 행사와 연계하는 방법 등이 있다.

연번	주제	청중	산출물 형태 및 발표 방법
1	고무동력 자동차 경주대회 우승자는 누구?	학급 학생	자동차 경주대회
2	기르고! 만들고! 나누고!	학교 공동체	나눔 (수확물, 요리)
3	Show me the Dance!	5학년	경연대회 (영상촬영)
4	기아타이거즈를 구하라!	기아타이거즈 구단	제안서 발송
5	그림자연극	1, 2학년	영상촬영 및 직접 공연
6	우리 지역 생태계는 우리가 지켜요!	학급 학생 신문사	기사문 신문사에 기고
7	나는 이렇게 살아요!	섬 지역 학급 학생	화상 회의
8	나는야 신문기자!	학급 학생	전시회
9	The 살기 좋은 마을을 위해 노력하는 사람들	해당 공공기관	제안하는 글

위의 사례에서 보듯 프로젝트 주제 및 청중에 따라서 산출물 형태와 발표 방법이 다양해진다. 틀에 박힌 발표보다는 프로젝트 주제와 질문에 알맞게 발표자와 청중이 유의미한 결과를 나눌 수 있는 발표를 준비해야 한다.

산출물 발표 평가하기

산출물 발표 평가는 프로젝트학습 전 과정에 대한 평가가 아니라 결과물 발표에 대해 평가하는 단계이다. 평가 방법은 산출물의 종류에 따라 달라질 수 있으며 평가자는 교사뿐만 아니라 학생들이나 청중이 될 수 있다. 특히 학생들 간 동료평가와 자기평가는 산출물 발표를 비판적으로 보고 평가할 수 있는 역량을 기르는 데 도움이 된다. 여러 사람이 다양한 관점에서 피드백을 제공하는 유용한 방법이므로 적극적으로 활용하면 좋다.

산출물 평가의 기준은 크게 세 가지로 구분된다. 산출물의 종류와 내용이 주제에 알맞게 선정되고 표현되었는지 살펴보는 산출물의 적합도, 발표가 청중에게 명확하게 전달되었는지 살피는 발표력, 다른 발표자의 발표를 경청했는지를 평가한다. 산출물의 적합도는 학생들이 학습한 내용을 프로젝트질문에 맞게 탐구하여 산출물로 표현했지를 살펴야 하며 발표력은 발표 자세의 자연스러움, 말의 속도나 크기, 내용의 조직 등을 평가한다.

효과적인 산출물 평가를 위해서는 평가자에게 평가기준표가 주어져야 한다. 평가기준표가 있어야 구체적이고 객관적인 평가가 가능하다. 초등학생이 사용하는 평가기준표는 3점 척도(저학년) 또는 5점 척도(고학년)의 체크리스트와 평가 의견을 적을 수 있는 칸이 함께 있는 평가기준표가 가장 효과적이다. 간혹 평가에 초보인 학생일수록 한 단어로 '잘했다', '좋았다'라고 평가 의견을 적는데, 교사의 시범을 통해 구체적인 부분을 평가할 수 있도록 지도하는 것이 좋다. 예를 들어 '발표를 할 때 청중을 바라보며 웃는 표정으로 발표했다, 발표 준비를 꼼꼼히 했다, 우리 고장의 문제점 해결방안이 실제 우리가 실천할 수 있는 것이라서 좋다' 라는 식으로 시범을 보이면 자기만의 언어로 잘 평가해낸다.

때로는 모둠 전체가 만든 최종 산출물은 평가하지 않고 학생의 개별 활동만을 평가할 수도 있다. 이 방법은 평가 결과에 공정성 시비가 생기는 것을 방지하거나 학생들이 경쟁하는 구도보다는 성과물을 함께 공유하는 것에 목적을 두는 경우에 적절하다.

서두에 말했듯이 산출물 평가는 프로젝트학습 전체에 대한 평가가 아니므로 산출물 평가만으로 학생의 성적을 매겨서는 안 된다. 프로젝트학습 과정 중에서 돋보이게 활동한 장단점 들이 묻히게 되어 제대로 된 평가라고 보기 어렵기 때문이다. 아래 그림은 동료평가와 자기평가를 함께 할 수 있는 평가표의 예시이다.

우리 지역 문화유산 안내도 만들기 평가표(◎, ○, △) 평가자:

모둠 이름	용도리z	모모랜드	에버랜드	라라랜드
발표를 듣고 알게 된 내용				
더 알고 싶은 점				
그 지역의 문화 유산이 잘 나타났나요?				
이해하기 쉽게 발표했나요?				
모둠 친구들이 모두 열심히 활동 했나요?				
어떤 점을 칭찬 하고 싶나요?				
스스로 돌아보기				
우리 지역의 문화유산에 대해 잘 알게 되었다.	모둠 활동에 적극적으로 참여했다.	우리 지역에 자부심을 갖게 되었다.	나는 이번 활동이 재미있었다.	

▶ 산출물 발표 평가하기

정리단계:
프로젝트학습 마무리하기

성찰단계는 프로젝트학습을 마무리하는 단계이자 또 다른 시작의 발판이라고 할 수 있다. 프로젝트학습 전 과정에 대해 교사와 학생이 상호간에 피드백을 주고받으면서 그간의 과정을 되돌아보고 프로젝트학습의 완성을 축하하는 기회를 제공한다. 프로젝트학습의 성찰은 학생 성찰과 교사 성찰로 구분할 수 있다. 학생 성찰은 성취기준 도달과 태도, 역량, 인성 평가로 구분할 수 있으며, 교사 성찰은 자기 성찰로 나눌 수 있다. 따로 정해진 방법은 없으며 주제와 관련하여 다양한 방법으로 운영할 수 있다. 예를 들면 그림자 인형극을 마치고 나서 찍어놓은 영상을 다시 보며 학생들과 이야기를 나눌 수도 있고, 직접 기른 닭이 낳은 달걀을 나눠 먹으며 아쉬웠던 점을 이야기할 수도 있다. 성찰단계에서는 방법이 중요한 것이 아니라 프로젝트학습이 성취기준에 도달했는지를 평가하고, 자신이 어떤 태도로 임했는가를 바탕으로 다음 프로젝트학습을 위한 기반을 닦는 것이 더욱 중요하다.

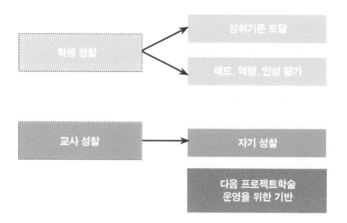

프로젝트학습 성찰하기

학생들은 프로젝트학습을 통해 배운 내용을 다시 한번 확인하고, 프로젝트질문을 해결하기 위해 어떠한 전략을 사용하고 협력하였는지를 되돌아보며 자신에 대한 평가를 할 수 있다. 성찰단계는 프로젝트학습을 하며 배운 내용을 명확하게 정리할 수 있는 시간이다. 긴 호흡으로 진행되는 프로젝트학습이기 때문에 배워야 할 것들을 제대로 배웠는지 확인하는 것은 중요하다. 특히 이해하기 힘든 추상적인 개념을 배워야 하는 경우 성찰단계를 통해 프로젝트학습에서 배운 내용을 분명하게 정립할 수 있다. 혹은 성취기준에 도달하지 못한 학생의 경우 추가 지도를 통해 성취기준에 도달할 수 있도록 할 수 있다.

교사는 학습 과정에 대해 모둠과 학급에 피드백을 제공하며 성취감을 느낄 수 있도록 축하해주어야 한다. 성공 경험은 개인 성장과 다음 프로젝트학습에 도움이 된다. 성찰의 방법은 개인 성찰일기, 모둠별 토론, 교사의 설문지 등 다양하게 이루어질 수 있다.

성찰단계는 교사에게도 의미 있는 시간이다. 교사가 학생들의 피드백을 받을 수 있는 시간이기도 하다. 이 과정을 통해 교사는 성취기준에 도달했는지를 파악할 수 있고 다음 프로젝트학습을 운영할 때 참고할 수 있다. 다음은 학생과 교사의 성찰 내용 예시이다.

◀
프로젝트학습
〈역사적 인물을 찾아서〉-
학생 성찰 일기

안무 짜는 방법을 배우게 되었고 친구들끼리 함께 의논을 해서
안무, 음악을 정하는 것이 새로웠다.
처음에는 안무를 짜는 것이 어려웠지만 친구들과 웃으며
영상을 찍고 안무 연습하는 것이 재미있었다.
생각한 것보다 훨씬 협동이 잘 됐던 것 같고 시간이 더 있었다면

완벽하게 연습을 해서 영상을 찍고 싶었고 처음부터 다시 하더라도

나는 우리 팀원들과 똑같은 노래, 춤을 할 것이다.

체육에 이런 활동이 있어서 놀랍고 새로운 경험을 한 것 같고 우리 팀원들

이 잘 따라 주어서 더 좋은 영상, 안무가 탄생한 것 같다.

나는 팀장, 안무가 역으로 나의 일에 최선을 다했다고 생각한다.

_〈Show me the Dance!〉학생 성찰 일기

수학 교과를 학생들이 흥미와 관심을 가지고 즐겁게 배울 수 있도록 하는

것은 어려운 일이다. 올해 가르친 학생들은 유독 수학에 관심이 없었고 수

동적인 모습을 보여주었다. 이 학생들이 조금이라도 수학에 흥미를 가질

수 있도록 하고 싶었다. 또한 세상은 수학으로 이루어져 있으며 내가 살아

가는 데 수학적 지식이 필요함을 인식하도록 경험을 제공해주고 싶었다.

세 가지 프로젝트학습 목표인

① 비율을 이해하고 분수, 소수, 백분율로 나타내기

② 다양한 비율 자료 해석하고 비교하기

③ 야구라는 스포츠에 대해 올바르게 이해하고 향유하기에 잘 도달되었

　　다고 생각하며 이번 프로젝트학습을 통해 학생들이 수학에 대해 흥미

　　를 더 가지는 계기가 되었으면 한다.

_〈기아타이거즈를 구하라!〉교사 성찰

PART

:4:

어수선이 실천한
프로젝트학습 사례

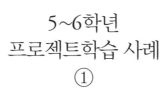

5~6학년
프로젝트학습 사례
①

Show me the Dance!
6학년

Step ① 프로젝트학습 설계하기

주제 선정 과정

6학년 학생들은 체육과 표현활동을 어떻게 생각할까? 실태를 파악하니 '그냥 따라 한다', '움직이기 귀찮다', '창작하기 어렵다'라고 말하였다. 하지만 평소에 K-POP을 들으며 춤추는 것을 좋아하는 학생들도 많았다. 그렇다면 왜 교육과정에서 이루어지는 표현활동에는 흥미를 느끼지 못할까? 첫째, 스스로 해본 경험이 부족하여 교사의 동작을 따라 하는 데 그친다. 둘째, 창작하는 경험이 적다. 셋째, K-POP 댄스만 많이 접하여 다른 표현활동이 낯설다. 이에 흥미를 높이고 창작의 기쁨을 느낄 수 있는 무용영역 프로젝트학습을 운영하였다.

프로젝트학습을 운영함에 있어 K-POP을 무용 음악으로 사용하거나 기존의 댄스 동작을 그대로 따라 하지 않기 위해 음악과의 '영화 음악 소개하기'와 통합하여 음악은 '영화 음악'으로 한정하고, 음악에 대한 자신의 생각과 느낌을 표현하도록 강조하였다. 그리고 최종 결과물 발표는 경연대회처럼 운영하여 관심과 책임감을 높였다.

프로젝트학습 목표

① 주제 표현 요소와 창작 과정의 특징 탐색하기

② 영화 음악 소개하고 나의 생각과 느낌 표현하기

③ 영화 음악에 어울리는 무용을 창의적으로 구성하여

　발표하고 감상하기

프로젝트질문

영화 음악의 느낌을 무용으로 어떻게 표현할 수 있을까?

교육과정 분석

◎ 성취기준

〔6체04-05〕 주제 표현을 구성하는 표현 요소(신체 인식, 공간 인식, 노력, 관계 등)와
창작 과정(발상, 계획, 구성, 수행 등)의 특징을 탐색한다.

〔6체04-08〕 주제와 관련된 다양한 표현 방식을 이해하고 자신의 느낌과
생각에 따라 창의적인 방법으로 표현한다.

〔6음03-01〕 음악을 활용하여 가정, 학교, 사회 등의 행사에 참여하고 느낌을 발표한다.

◎ 차시 학습 목표(총 10차시)

교과	단원	차시 학습 목표	차시
체육	4-2. 실용무용	실용무용의 표현 요소와 창작 과정 알아보기	1
		여러 가지 주제를 실용무용으로 표현하기	2
		작품 발표하고 감상하기	2
		활동 평가하기	1
		창작무용 체험하기	1
		렌즈를 이용하여 주제 표현하기	1
음악	3-9. 내가좋아하는 영화 음악	내가 좋아하는 영화 음악 소개하기	2

▼

배워야 할 내용	- 주제 표현 요소, 창작 과정의 특징 알아보기 - 영화 음악의 느낌과 생각 표현하기	산출물
실천해야 할 활동	- 영화 음악 소개하고 생각과 느낌 말하기 - 무용 창작하기 - 무용 공연하기	무용

환경 조성하기

① 4인 1조로 모둠 구성(원하는 사람과 남 2명, 여 2명)

② 영화 음악 검색, 무용 종류, 무용 창작, 영상 촬영 등 인터넷 검색
  이 쉽도록 태블릿PC를 모둠별로 2대씩 배부

③ 프로젝트학습 계획서는 모둠장이 보관하며 수시로 공유

④ 프로젝트학습 운영 교실 2~3개실

– 학급에 3개 이상의 모둠이 구성될 경우, 1개 교실에서 음악을 틀어
  놓고 연습하기에는 부족하고 2~3개 교실이 필요함. (피드백을 해야
  하므로 옆 교실이 좋음.)

– 무용 영상을 촬영할 때에는 1팀에 1개 교실이 필요하므로 교실이 3
  개 정도 필요함.

평가 계획

영역	평가 내용	평가 방법
성취 기준	• 영화 음악과 관련하여 자신의 생각과 느낌을 적합하게 표현하는가? • 다양한 표현 요소를 활용하여 창의적으로 무용을 구성하는가? • 자신이 좋아하는 영화 음악을 소개하는가?	동료, 관찰 동료, 관찰 관찰
핵심 역량	• 정해진 역할을 책임감 있게 해결하려고 노력하는가? (자기관리 역량) • 무용 창작을 위해 모둠원과 협력하는가? (공동체 역량) • 프로젝트질문을 잘 해결하는가? (지식정보 처리 역량)	자기, 관찰 동료 프로젝트

프로젝트학습 흐름

주제	차시	배움 활동 내용	단계
Show me the Dance!	1	프로젝트학습 계획 세우기	도입
	2	무용의 표현 요소 알아보고 표현하기	탐구
	3	모둠별 영화 음악 선택하기	
	4~6	제작과정을 알아보고 실용무용 창작하기	
	7	결과물 중간발표하기	
	8	결과물 수정하기	공유
	9	결과물 공유하기	
	10	프로젝트학습 평가와 성찰하기	정리

Step ② 프로젝트학습 실천하기

프로젝트학습 계획 세우기(1차시)

★ 프로젝트학습 주제 확인하기
★ K-POP 무용 안무가 영상 시청하기
★ 프로젝트질문 확인하기
- 영화 음악의 느낌을 무용으로 어떻게 표현할 수 있을까?
★ 프로젝트학습 배움 활동 탐색하기
- 프로젝트질문을 해결하기 위해 알아야 할 내용과 하고 싶은 내용 적기
(쟈 포스트잇)
- 개인별로 적은 내용을 모둠별로 분류하기
- 모둠별로 분류한 내용을 학급 내에서 공유하기(교사의 판서)
- 탐색한 내용을 바탕으로 프로젝트학습 계획서 작성하기
- 배움 활동 계획 세우기
★ 평가기준 확인하기

◎ 평가 내용: 정해진 역할을 책임감 있게 해결하려고 노력하는가?

본 차시는 프로젝트학습에 대한 동기를 유발하고 프로젝트학습을 운영하기 위해 계획을 세우는 단계이다. 주제를 〈Show me the Dance!〉로 제시하고, 내용을 짐작할 수 있도록 K-POP 안무가를 영상으로 보여준다. 학생들은 영상을 본 후 '안무를 짜요.', '춤을 출 것 같아요.'라고 말하며 프로젝트학습의 내용을 짐작하였다. 교사는 칠판에 프로젝트질문을 적으며 최종 결과물 발표는 무용 경연대회라고 알려주었다.

> 프로젝트질문: 영화 음악의 느낌을 무용으로 어떻게 표현할 수 있을까?

프로젝트질문을 해결하기 위해 알아야 할 내용과 하고 싶은 내용을 생각하여 붙임 쪽지에 적도록 하였다. 내용이 잘 생각나지 않는 경우 프로젝트질문을 다시 보거나 경험했던 체조 프로젝트학습[1]의 내용을 상기하며 내용을 적도록 하였다. 배움 활동 탐색을 어려워하는 경우 다음과 같이 질문하여 도움을 주었다.

Q. 우리는 무엇을 만들어야 할까?

A. 무용이요.

Q. 무용을 만들기 위해 무엇을 선택해야 할까?

A. 음악이요.

Q. 어떻게 무용을 만들 수 있을까?

A. 다양한 무용을 찾아봐요.

---

[1] 〈우리 학교에 필요한 체조 만들기〉라는 주제로 국민체조를 변형하여 체조 만들기 프로젝트학습을 진행하였다. '우리 학교 학생들을 위해 어떤 체조를 만들어야 할까?'라는 프로젝트질문을 해결하기 위해 학생들은 체조의 주제를 '키 크는 체조', '목 운동 체조', '앉아서 하는 체조' 등을 선정하였으며 국민체조 동작 중 전체를 변형하거나 필요한 동작을 수정하여 체조를 만들었다.

개인이 찾은 배움 활동 내용은 모둠별로 비슷한 내용을 묶어 분류하도록 하였다. 이렇게 모둠별로 분류한 내용은 프로젝트학습 계획서를 쓸 때 참고하기 위해 학급 전체를 대상으로 모둠별 발표를 공유하였다. 다음은 모둠별 발표 결과를 유목화하여 칠판에 판서한 내용이다.

- 무용 창작하기
- 다양한 무용 안무 찾기
- 무용의 난이도 생각하기
- 영화 음악 선택하기
- 무용의 종류 조사하기
- 무용 제작 과정

상대적으로 탐색 내용이 부족한 모둠은 계획서를 작성할 때 칠판을 보며 필요한 내용을 계획서에 반영하도록 안내하였다. 대부분의 모둠 계획서에 판서 내용이 반영되나 계획서를 작성할 때 꼭 확인하여 중요한 내용을 빠트리지 않았는지 확인해야 한다.

모둠 발표 결과 꼭 알아야 하는 무용 표현 요소가 나오지 않았다. 프로젝트학습을 통해 내용을 학습하고 성취기준에 도달해야 하므로 교사가 제안하거나 설득하여 내용을 추가했다. 영화 음악을 개인별로 선택하고 소개하는 시간도 필요하여 활동 계획을 세울 때 제안하였다.

다음으로 프로젝트학습 계획서를 작성하는 시간을 가졌다. 판서 내용과 판서 내용에는 없지만 모둠별 내용, 계획서를 쓰면서 새롭게 해보고 싶은 내용을 반영하여 계획서를 작성하도록 하였다. 무용경언대회 발표 대상은 동일하게 선정하도록 하였다. 5학년과 선생님, 부모님을 대상으로 하자는 의견이 나왔으며 5학년을 발표 대상으로 정하였다. 발표 방법은 영상 제작으로 정하였다.

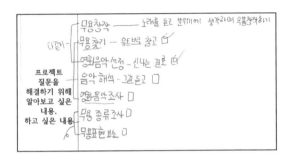

다음은 계획서를 바탕으로 질문하며 프로젝트학습 순서를 생각하는 배움 활동 계획을 모색하도록 하였다. 학생들은 영화 음악 선택하기, 무용 안무 찾아보기, 무용 창작하기, 무용 발표하기를 말하였으며 부족한 배움 활동은 교사가 제안하며 활동계획을 세웠다.

	교사가 구상한 배움 활동		학생과 교사가 협의한 배움 활동
1	프로젝트학습 계획 세우기	1	프로젝트학습 계획 세우기
2	무용의 표현요소 알아보고 표현하기	2	무용의 표현요소 알아보고 표현하기(교사 제안)
3	모둠별 영화 음악 선택하기	3	모둠별 영화 음악 선택하기 (교사 제안)
4~6	제작과정을 알아보고 실용무용 창작하기	4~6	제작과정을 알아보고 실용무용 창작하기
7	결과물 중간발표하기	7	결과물 중간발표하기
8	결과물 수정하기	8	결과물 수정하기
9	결과물 공유하기	9	결과물 공유하기
10	프로젝트학습 평가와 성찰하기	10	프로젝트학습 평가와 성찰하기

마지막으로 평가기준을 제시하며 프로젝트학습을 하는 동안 알아야 할 내용과 책임감, 역할 수행, 소통, 협력이 필요하다는 것을 강조하였다. 평가기준은 프로젝트 계획서 뒤쪽에 제시하여 수시로 확인할 수 있도록 하였다.

무용의 표현요소를 알아보고 표현하기(2차시)

★ 프로젝트학습 활동 단계 확인하기
★ 학습문제 확인하기

> 무용의 표현 요소를 알아보고 표현하여 봅시다.

★ 무용의 표현 요소 이해하기
★ 표현 요소를 활용하여 주제 표현하기
★ 무용 제작과정 알아보기

지난 시간에 세운 배움 활동계획을 확인하며 무용을 창작하기 위해 표현 요소와 제작과정을 알아보는 시간을 가졌다. 무용 창작 시간을 많이 확보하기 위하여 무용의 다양한 표현 요소와 제작과정을 학생들이 스스로 찾기보다는 교과서로 학습하는 것으로 정하였다.

무용의 표현 요소
- 신체 표현 요소: 부분, 형태, 관계
- 공간 표현 요소: 장소, 위치, 크기, 높이, 방향, 경로
- 노력 표현 요소: 속도, 리듬, 에너지, 무게
- 관계 표현 요소: 사람과 사람의 관계, 신체와 물체의 관계

무용의 표현 요소를 알아보고 모둠별로 주제를 선택하여 직접 표현하는 시간을 가졌다. 이때 어떤 표현 요소를 활용하였는지 설명하도록 하였다. 표현활동 후 무용 창작 과정을 알아보며 프로젝트학습의 흐름을 다시 생각하도록 하였다.

모둠별 영화 음악 선택하기(3차시)

★ 프로젝트학습 활동 단계 확인하기
★ 학습문제 확인하기

> 영화 음악을 선택하여 봅시다.

★ 개인별 영화 음악 선택하고 소개하기
★ 모둠별 영화 음악 선택하기
★ 선택한 영화 음악에 대한 생각과 느낌 나누기

◎ 평가 내용: 자신이 좋아하는 영화 음악을 소개할 수 있는가?

이번 차시에는 개인별로 영화 음악을 선택하고 모둠에 소개한 뒤 모둠별 영화 음악을 선택하는 시간을 가졌다. 개인별 태블릿PC로 영화 음악을 선택한 후 생각과 느낌을 적어 모둠별로 발표하였다. 모둠에서 선택한 영화 음악은 〈모아나〉, 〈인어공주〉, 〈겨울왕국〉 등 주로 애니메이션 영화 음악이었다. 이유는 재미있게 본 영화라는 답변이 많았으며 〈써니〉 영화 음악을 선택한 모둠은 무용 창작을 위해 신나는 음악을 선택하였다고 하였다. 모둠별로 선택한 영화 음악을 여러 번 다시 들으며 자신의 생각과 느낌을 말하고 어떻게 안무를 창작해야 할지 고민하는 시간으로 마무리하였다.

실용무용 창작하기(4~6차시)

★ 프로젝트학습 활동 단계 확인하기
★ 학습문제 확인하기

> 무용을 창작하여 봅시다.

★ 다양한 무용 영상 검색하기
★ 생각과 느낌이 드러나는 무용 창작하기

◎ 평가 내용
 - 다양한 표현 요소를 활용하여 창의적으로 무용을 구성하는가?
 - 정해진 역할을 책임감 있게 해결하려고 노력하는가?
 - 무용 창작을 위해 모둠원과 협력하는가?

무용을 창작하는 3차시 동안 학생들의 활동 상황을 확인하지 않으면 자칫 엉뚱한 방향으로 흐르거나 안무 창작보다 모둠원 간 이야기로만 끝날 수도 있기에 수업이 끝나기 10분 전에 모둠장과 함께 진행 상황을 확인하는 시간을 가졌다. 이 시간은 다른 모둠의 안무 창작 내용과 진행 상황을 확인하고 자신의 모둠에서 부족한 부분과 참고할 점을 일깨워 주었다. 첫 시간이 끝날 때쯤 영화 음악만 듣고 느낌을 안무로 창작하기에 어렵다는 모둠이 있어 기존의 안무를 변형하여 창작해도 된다고 안내하였다. 단, 생각과 느낌을 살려야 하는 평가 기준을 명시하였다. 대부분 안무 창작을 잘 진행하였지만 한 모둠에서 2차시가 지나도록 잘 하지 못하여 교사가 적극적으로 도와주었다. 안무에 대해 피드백을 제공하고 대표 영상을 찍어 공유하고 연습하는 것도 안내하여 무용 창작에 성공할 수 있도록 도와주었다. 수업 시간 이외에 개인 연습을 하는 등 끝까지 포기하지 않고 창작 안무 영상을 촬영하여 다른 모둠의 박수를 받는 경우도 있었다.

결과물 중간발표하기(7차시)

★ 프로젝트학습 활동 단계 확인하기
★ 학습문제 확인하기

> 창작한 무용을 발표하여 봅시다.

★ 모둠별로 창작 무용 발표하기
★ 모둠별로 창작 무용 피드백 하기

◎ 평가 내용
 - 영화 음악과 관련하여 자신의 생각과 느낌을 적합하게 표현하는가?

이번 차시에서는 지금까지 만든 무용을 학급 학생들에게 발표하는 시간을 가졌다. 대부분 무용을 영상으로 찍어서 발표하였으나 직접 공연하는 모둠도 있었다. 발표 전 선택한 영화 음악에 대한 생각과 느낌을 어떻게 안무로 나타내었는지 소개하고 핵심 안무가 있다면 따로 설명하였다. 발표에 대한 피드백은 학생과 교사가 함께 하였다. 학생들에게 피드백 기회를 제공할 경우 집중해서 공연을 보고 교사가 보지 못한 관점에서 질문하거나 다른 모둠의 무용을 참고하는 좋은 점이 있었다.

• 안무 중에서 가장 신나는 안무는 무엇인가요?
• 안무를 주로 창작한 사람은 누구인가요?
• 안무 창작할 때 가장 힘든 점은 무엇인가요?

발표에 대한 피드백은 안무 창작에 대한 내용뿐만 아니라 촬영의 구도나 방법에 대해서도 이루어졌다. 받은 피드백을 모둠원이 직접 메모하면 좋으나 답변도 하고 정리도 하면 시간이 길어지고 빠트리는 부분이 있어서 교사가 컴퓨터로 정리하여 모둠에게 제공하였다.

결과물 수정하기(8차시)

★ 프로젝트학습 활동 단계 확인하기
★ 학습문제 확인하기

> 창작한 무용을 수정하여 봅시다.

★ 모둠별로 피드백 내용 확인하기
★ 창작 무용 수정하기

◎ 평가 내용: 무용 창작을 위해 모둠원과 협력하는가?

지난 차시에서 학생들과 교사에게 받은 피드백을 확인하며 창작 무용을 수정하도록 하였다. 이때 시간이 많지 않으므로 전체적으로 수정하는 것은 지양하도록 하며 피드백 내용을 무조건 반영하지 말고 모둠에서 선택하여 수정하도록 하였다. 수정하지 않는 모둠은 연습하는 시간으로 활용하였다.

결과물 공유하기(9차시)

★ 프로젝트학습 활동 단계 확인하기
★ 학습문제 확인하기

> 창작무용을 공유하여 봅시다.

★ 무용 영상 찍기
★ 창작무용 공유 준비하기

◎ 평가 내용
 – 영화 음악과 관련하여 자신의 생각과 느낌을 적합하게 표현하는가?
 – 프로젝트질문을 잘 해결하는가?

수정이 끝난 창작 무용을 공유하는 차시로 5학년 학생들에게 보여줄 영상을 찍었다. 태블릿PC로 찍은 영상을 교사가 모둠원에게 제공하고, 5학년 학생들과 공유하며 평가받도록 하였다.

프로젝트학습 평가와 성찰하기(10차시)

★ 프로젝트학습 활동 단계 확인하기
★ 학습문제 확인하기

프로젝트학습을 성찰하여 봅시다.

★ 모둠별 창작무용 공유 내용 확인하기
★ 프로젝트학습 평가하기
★ 모둠별로 프로젝트학습 이야기하고 성찰하기

모둠별로 프로젝트학습에 대해 평가하고 성찰하는 시간을 가졌다. 성찰 방법으로 성찰일기 쓰기를 선택하였다. 평가하기는 자기평가와 동료평가를 하는 시간을 가졌으며 5학년 학생들에게 평가받은 내용도 확인하였다. 성찰하기는 모둠별로 프로젝트학습의 전체적인 흐름을 다시 생각하도록 하고 다음과 같은 질문을 주며 성찰일기를 작성하도록 하였다.

- 프로젝트학습을 통해 무엇을 배웠는가?
- 가장 기억에 남는 것, 어려웠던 것
- 혹시 나에게 시간이 더 주어진다면?
- 모둠에 어떤 도움을 주며 협력하였는가?
- 선생님에게 하고 싶은 말

Step ③ 프로젝트학습 되돌아보기

◎ 모둠원 구성

－ 모둠원을 남자 2명, 여자 2명으로 구성하였는데 무대를 위해 모둠원을 5~6명으로 구성하였다면 어떨까 하는 생각이 들었다. 5~6명일 경우 모둠 내 역할 분담에 대한 고민도 해야 할 것 같다.

◎ 무용 창작 시간 부족

－ 무용 창작하는 시간을 3차시, 수정하는 시간을 1차시를 배정하였는데 무용을 창작하는 데 3차시로 부족하였다. 절반 정도는 무용 창작을 완성하였지만 절반은 개인별로 완성하는 시간을 가졌다. 모둠원과 함께 연습할 수 있는 시간 확보가 필요하며 수정하는 시간을 늘려서 중간발표 후 받은 피드백을 더 많이 반영할 수 있게 하는 것이 좋을 것 같다.

◎ **모둠 역할 분담**

– 중간발표 이후 가장 많이 받은 질문이 '촬영하는 친구도 무용에 참여해도 될까요?'였다. 영상에 자신의 모습이 나오는 것을 싫어하는 학생이 촬영을 선택하였지만 중간발표 무용 영상을 보고 같이하고 싶은 욕구가 생겼다. 몇 명의 학생들이 중간발표 후 무용에 참여하였지만 연습 부족으로 결과물의 완성도를 떨어트렸다. 역할 분담에서 촬영 담당을 두지 않고 모둠원 모두가 함께 참여하였다면 완성도 높은 무용 영상을 만들 수 있었을 것이다.

◎ **숨겨진 리더 발견과 성공의 기쁨**

– 모둠을 구성할 때 원하는 친구들끼리 자유롭게 구성하다보니 소극적인 학생들로만 구성된 모둠이 있었다. 무용을 창작하는 2시간 동안 안무를 완성할 기미가 보이지 않았다. 할 수 없이 교사가 많은 피드백을 제공하며 이끌어 가자 모둠장을 하고 있던 학생이 자신의 역할에 눈을 뜨며 적극적으로 안무를 창작하였다. 잘 따라오지 않는 모둠원에게 화 한 번 내지 않고 다독이며 안무를 완성하였다. 중간발표 시간에 이 모둠의 영상을 본 반 친구들은 박수를 치며 격려하였다. 기대가 크지 않았지만 그럴듯한 안무 영상을 만들어 냈기 때문이다. 중간발표 후 안무를 수정하는 시간에는 교사의 피드백 없이도 스스로 모둠 활동을 하는 모습을 보여주어 개인적으로 뿌듯하였다.

5~6학년
프로젝트학습 사례
②

> 기아타이거즈를 구하라!
> 6학년

Step ① 프로젝트학습 설계하기

주제선정 과정

학교에서 수학을 가르치는 교사에게 가장 고민이 되는 것은 학생들이 수학 교과를 대하는 자세일 것이다. 일부 학생들을 제외하고는 수학을 따분해하고 지루해한다. 왜 학생들은 수학 교과에 흥미가 없는 것일까? 어렵다, 공식을 외우기 싫다 등등 다양한 이유가 있겠지만 가장 큰 이유는 수학에서 배운 지식이 나의 삶과 관련이 없다고 생각하기 때문일 것이다. 수학 교과서가 스토리텔링 형태로 구성되어 있지만 학생들이 느끼는 괴리감은 여전하다. 그래서 학생들이 수학에 흥미와 관심을 가질 수 있도록 실제 삶과 관련된 프로젝트학습 주제와 내용을 고민하게 되었다.

수학을 기반으로 한 프로젝트학습 주제에 대한 고민이 클 무렵 올해 상반기 우리 지역을 기반으로 한 프로야구팀이 16연패를 하며 지역사회에서 크게 이슈가 되었다. 매일 아침 활동 시간에 나누는 대화의 화두가 될 정도로 학생들도 큰 관심을 가졌다. 또한 학교에서 야구경기 관람 체험학습이 예정되어 있어 학생들의 관심은 날로 커져갔다. 학생들과 야구에 관련한 이야기를 나누어 본 결과 팀의 승률, 타자의 타율, 투수의 방어율 같은 기록을 읽을 줄 모르고 야구에 대한 관심이 큰 데 비해 규칙을 자세히 모르고 있었다.

수학 교과를 중심으로 체육, 창의적 체험활동을 재구성하여 야구에 활용된 다양한 비율 자료를 수학적 지식을 활용하여 분석하는 방법을 알아보고 싶었다. 마침내 우리 지역 야구팀의 기록을 비교 분석하여 팀의 성적을 올리기 위한 방법을 구단에 제안하는 〈기아타이거즈를 구하라!〉라는 프로젝트학습을 설계하였다.

프로젝트학습 목표

① 비율을 이해하고 분수, 소수, 백분율로 나타내기
② 다양한 비율 자료 해석하고 비교하기
③ 야구에 대해 올바르게 이해하고 향유하기

프로젝트질문

우리가 기록분석가로서 기아타이거즈의 순위 상승을 위하여 무엇을 할 수 있을까?

교육과정 분석

◎ 관련 성취기준
〔6수04-03〕비율을 이해하고, 비율을 분수, 소수, 백분율로 나타낼 수 있다.

◎ 관련 교과서 차시 목표(총 14차시)

교과	단원	차시 학습 목표	차시
수학	4. 비와 비율	단원 도입	1
		비를 알아볼까요?	1
		비율을 알아볼까요?	1
		비율이 사용되는 경우를 알아볼까요?	1
		백분율을 알아볼까요?	1
		도전수학	1
		얼마나 알고 있나요?	1
		탐구수학	1
창의적 체험활동	자율활동	야구 경기 관람(현장체험학습 연계)	2
체육	1. 건강	단원 도입	1
		스키 즐기기	3

▼

배워야 할 내용	- 비와 비율을 이해하고 활용되는 곳 알아보기 - 야구의 기본 규칙 알아보기
실천해야 할 활동	- 야구 기록 백분율 자료 해석하고 비교하기 - 야구 경기 관람하기 - 구단의 성적을 향상시키기 위한 방법 찾기

환경 조성하기

① 4인 1조의 모둠 구성

② 프로젝트학습 실천 전 일주일간 야구 관련 영상 및 뉴스 시청하고 토의하기

③ 학생과 교사가 함께 형성한 프로젝트질문과 프로젝트학습 활동계획을
   교실에 게시

평가 계획

영역	평가 내용	평가 방법
성취 기준	• 비와 비율에 대하여 이해한다. • 비율을 분수, 소수, 백분율로 나타낸다. • 비율이 활용된 자료를 비교 분석한다.	산출물 평가 서술형 평가
핵심 역량	• 책임감을 가지고 자신의 역할을 수행한다. 　(자기이해 역량, 창의적 사고 역량) • 문제를 해결하기 위해 다른 팀원들을 존중하며 협력하여 활동한다. 　(의사소통 역량, 공동체 역량) • 프로젝트질문과 대상을 고려하여 산출물을 제작한다. 　(지식정보 처리 역량, 심미적 감성 역량)	자기평가 동료평가 관찰평가

프로젝트학습 흐름

주제	차시	차시 활동 내용	단계
기아 타이거즈를 구하라!	1	프로젝트학습 도입하기	도입
	2-3	비와 비율 이해하기	탐구
	4	비율을 분수, 소수, 백분율로 나타내기	
	5-6	'기아타이거즈 팀'의 기록 분석 및 진단하기	
	7-8	'기아타이거즈 팀' 분석 내용 발표하기	
	9-10	야구 경기 관람 체험학습	
	11-12	'기아타이거즈 팀'의 순위 상승을 위한 제안서 만들기	공유
	13-14	프로젝트학습 평가 및 성찰	정리

Step ② 프로젝트학습 실천하기

프로젝트학습 도입하기(1차시)

> ★ 프로젝트 주제 관련 영상 시청 및 토의
> - 우리 지역 야구팀 16연패 영상 시청
> - 우리 지역에서 생각하는 야구팀에 대한 인식(문제점) 공유하기
> ★ 프로젝트학습 주제 확인하기
> ★ 프로젝트질문 확인하기
> ★ 프로젝트학습 배움 활동 구성하기
> - 프로젝트질문에 대해 알고 있는 것에 대해 적고 이야기 나누기
> - 프로젝트질문을 해결하기 위해 배워야 할 것, 실천해야 할 것, 하고 싶은 것을 씽킹보드에 적기(ᄍ 씽킹보드)
> - 배워야 할 것, 실천해야 할 것, 하고 싶은 것을 유목화하기
> ★ 프로젝트학습 활동 계획 세우기
>   프로젝트질문을 해결하기 위해 어떤 활동을 하면 좋을까요?
> ★ 모둠별 프로젝트학습 계획서 및 계약서 작성하기
> ★ 평가기준 확인하기

본 차시는 도입단계로 학생들이 프로젝트 주제에 흥미를 가지고 프로젝트질문 해결을 위한 다양한 활동을 설계하는 데 목적이 있다. 프로젝트학습을 시작하기 일주일 전부터 매일 학생들과 우리 지역 프로야구팀에 관해 이야기를 조금씩 나누었다. 팀의 연패가 계속될수록 야구에 관심이 없는 학생들도 조금씩 관심을 가지기 시작하였다. 지역 여론을 공유하며 점점 악화되는 상황에 대하여 학생들이 내 일처럼 여기도록 분위기를 조성하였다. 학생들의 관심이 극대화되었을 때 학생들에게 질문을 던졌다.

"우리가 단순한 응원을 넘어서 기아타이거즈 팀에 도움을 줄 수 있는 길은 없을까?

학생들의 눈빛이 반짝일 때 프로젝트학습 주제를 안내하였다. 〈기아타이거즈를 구하라!〉라는 주제를 보여주며 '우리 지역 팀이 꼴찌에서 벗어날 수 있도록 도와주자'라고 제안했다.

이 프로젝트학습에서 가장 중요한 것은 비율이라는 수학적 지식에 대한 정확한 이해를 바탕으로 관련 자료를 분석해보는 것이다. 따라서 학생들이 올바른 방향으로 활동을 탐색하고 계획할 수 있도록 프로젝트질문을 다음과 같이 설정하였다.

〔〈기아타이거즈를 구하라!〉 프로젝트질문〕
우리가 기록분석가로서 기아타이거즈의 순위 상승을 위해
무엇을 할 수 있을까?

다른 프로젝트질문과 다르게 이번 주제와 관련한 프로젝트질문의 특징은 교사가 의도를 가지고 '기록분석가'라는 역할을 제시하였다는 점이다. 이 프로젝트학습에서 학생들은 교사가 계획한 의도와 방향에 맞추어

프로젝트질문 1
우리가 기록분석가로서 기아타이거즈의 순위 상승을 위해 무엇을 할 수 있을까?
질문을 해결하기 위해 학생들이 탐색한 활동
- 기록분석가의 역할 알기 - 기아타이거즈의 기록 살펴보기 - 기아타이거즈 팀의 기록을 살펴보는 방법 알아보기 - 기록을 바탕으로 기아타이거즈의 문제점 찾기 - 기아타이거즈에 부족한 점 알려주기 　　　　　⋮

프로젝트질문 2
우리가 기아타이거즈의 순위 상승을 위해 무엇을 할 수 있을까?
질문을 해결하기 위해 학생들이 탐색한 활동
-기아타이거즈 응원 노래 만들기 -기아타이거즈 선수들에게 응원 편지 쓰기 -기아타이거즈에 부족한 점 찾아보기 　　　　　⋮ 　　　　　⋮

프로젝트질문을 해결하기 위한 활동을 이끌어내야 한다.

앞의 표를 보면 알 수 있듯이 프로젝트질문에서 역할 제시 하나로 학생들의 탐색 내용이 명확히 달라질 수 있다. 2번 형태로 제시할 경우 실패한 프로젝트학습이 될 확률이 높다. 교사는 본인이 의도한 방향으로 학생들이 스스로 선택하여 프로젝트학습을 이끌어 나갈 수 있게 적절한 비계를 제시해야 한다.

프로젝트질문을 제시한 후 학생들과 해결을 위한 활동을 탐색하기 전에 몇 가지 발문을 통해 사고의 확장이 이루어지도록 했다.

T: 여러분이 토론할 때 상대방을 설득하기 위해 무엇을 활용하나요?
T: 팀의 순위를 상승시키려면 누구를 어떻게 설득해야 할까요?

이 발문에 대한 모둠별 토의를 통해 학생들은 명확하게 자료를 분석하고 객관적인 사실을 바탕으로 이야기하는 것이 중요하다는 것을 인식하였다. 이를 바탕으로 학생들은 우리가 알아야(배워야) 할 것, 실천해야 할 것을 기록한 뒤 모둠별 협의를 통해 공통된 의견으로 모았다. 모인 의견을 씽킹보드에 기록하여 칠판에 붙여 학급 전체협의를 통해 알아야 할 것, 실천해야 할 것으로 유목화하였다. 그 결과 학생들과 함께 선택한 활농은 다음과 같다.

주제	차시 활동 내용	차시
기아타이즈를 구하라!	프로젝트학습 도입하기	1
	기록 분석 방법 알아보기 (비와 비율 이해하기) (비율을 분수, 소수, 백분율로 나타내기)	2~4
	우리 지역 야구팀의 기록 분석 및 진단하기(문제점 찾기)	5~6
	우리 지역 야구팀 분석 내용 발표하기	7
	야구 규칙 알아보기(학생 추천)	8
	야구 경기 관람 체험학습	9~10
	우리 지역 야구팀의 순위 상승을 위한 제안서 만들기	11~12
	중간점검(교사 추천)	13
	프로젝트학습 평가 및 성찰	14

학생들은 야구 경기를 관람하기 전 야구에 대한 규칙을 모르는 친구들이 규칙을 배우는 시간이 필요하다고 제안하였다. 그 제안을 반영해 프로젝트학습 활동 계획을 완성하였다.

완성된 프로젝트학습 활동 계획을 바탕으로 모둠별로 프로젝트학습 계획서와 계약서를 작성하였다. 계획서 작성 시간에 팀명 정하기, 역할 분담 등이 이루어졌다. 아울러 활동에 참여하는 학생들의 다짐을 공언하여 책무감을 가지고 활동에 참여할 수 있도록 하였다.

평가기준과 관련된 계약서에 명시된 프로젝트학습 서약문

- 책임감을 가지고 자신의 역할을 수행하겠습니다.
- 문제를 해결하기 위해 다른 팀원들을 존중하며 협력하여 활동하겠습니다.

프로젝트학습에 무책임한 몇몇 학생들은 학습 활동이 아니라고 생각해 소극적으로 참여하는 경우가 있다. 이런 경우 평가기준을 미리 안내하고 활동 시간에 이루어지는 모든 것(협력적 태도 포함)을 기록하고 평가한다고 알리면 효과적이다. 활동 기간이 길어져 활동에 무책임한 학생에게는 평가기록(과정중심평가)을 바탕으로 상담을 하는 것도 효과적이었다.

기록 분석 방법 알아보기 (2~4차시)

★ 비와 비율 이해하기
★ 비율을 분수로 나타내기
★ 비율을 소수로 나타내기
★ 비율을 백분율로 나타내기

기록을 파악하기 위해서는 다양하게 존재하는 야구 기록의 의미를 이해하고 비교·분석할 수 있는 방법을 알아야 한다. 야구의 경우 대부분의 데이터가 백분율·할푼리로 기록되기 때문에 본 차시에서는 비율과 백분율에 대하여 이해하는 시간을 가졌다. 교과서에 8차시로 구성되어 있는 학습 내용을 3차시로 재구성하였으며 교과서와 학습지를 바탕으로 기록 분석 방법을 알아보았다.

비의 의미 이해하기, 비를 읽는 법 알기

▼

비를 비율로 바꾸기, 비율의 의미 알아보기

▼

비율을 분수 및 소수로 나타내기

▼

기준량이 100인 비율이 백분율임을 알고 표현하고 읽는 법 알아보기

▼

기준량이 10, 100, 1000인 비율의 의미 이해하기

이번 활동 시간이 가장 핵심적인 내용임을 학생들이 인식하고 있었기 때문에 짧은 차시임에도 불구하고 학생들이 흥미와 관심을 가지고 적극적으로 참여하였고 과제 수행도 우수하였다. 수학에 흥미를 느끼지 못하는 학생들도 자신이 선택한 활동을 실천하기 위해 성실히 학습에 임하는 모습을 보였다. 마지막 차시에는 야구 기록을 제시하여 학습 내용이 프로젝트질문 해결을 위한 다음 활동으로 자연스럽게 이어질 수 있도록 하였다.

야구팀 기록 분석 및 진단(5~7차시)

★ 기아타이거즈 야구팀 기록(타율, 방어율, 연봉 등) 살펴보기 ★ 다른 야구팀과 기록 비교하기 ★ 기록을 바탕으로 기아타이거즈 야구팀의 문제점 찾기 ★ 분석 및 진단 결과 발표물 제작하기

기록 분석 및 진단 활동은 전 활동에서 배운 지식을 바탕으로 프로젝트 질문을 해결하기 위한 본격적인 탐구가 이루어지는 시간이다. 첫 번째로 각 모둠은 모둠 내에서 역할을 나누어 기아타이거즈의 다양한 기록을 살펴보았다. 학생들은 팀 승률, 타자의 타율 등을 분석하기 위해 비율과 관련하는 비교하는 양, 기준량을 적용해보며 실제적인 경험을 할 수 있었다. 선수별로 기록을 비교하던 한 학생이 모둠 친구들에게 재미있는 질문을 하였다.

"왜 A 선수는 B 선수보다 기록이 좋지 않은데 더 많은 연봉을 받고 있지?"

모둠 내에서 답을 찾기 어려웠던 학생들은 교사에게 질문을 하였고 교사는 전체 학생들에게 다시 질문하였다.

"올해 A 선수는 B 선수보다 왜 더 많은 연봉을 받게 되었을까?"

몇 분간 토의를 통해 학생들은 A 선수의 작년 기록이 뛰어났기 때문에 B 선수보다 많은 연봉을 받는다는 결론에 도달했다. 몇몇 모둠은 작년 기록과 올해 기록을 비교하며 살펴보기 시작하였다.

기아타이거즈의 기록을 살펴본 후 현재 기아타이거즈의 각종 기록과 1위 팀과의 기록을 비교하였다. 명확하게 비교되는 기록을 통해 학생들은 모둠 내 역할에 따라 기록을 바탕으로 기아타이거즈의 문제점을 찾고 정리하였다. 어떤 모둠에서는 2017년도 우승할 당시의 기록과 비교하며 문제점을 찾았고, 다른 모둠에서는 선수 연봉과 기록의 관계에 따라 활약이 부진한 선수들을 분석하였다. 다른 팀의 기록과 비교하는 모둠도 있었다.

기아타이거즈의 기록을 살펴보고 문제점을 진단한 모둠들은 전체 프레젠테이션을 통해 학급 구성원 모두가 공유하는 시간을 가졌다. 학생들은 조사한 자료를 바탕으로 고액 연봉 선수들의 부진, 감독의 문제, 훈련 양

부족 등 다양한 결론을 이끌어냈다. 학생들의 프레젠테이션은 객관적인 자료를 바탕으로 한 내용이었기에 듣는 학생들에게 신뢰를 주었다. 발표한 학생들도 설득을 위해 객관적인 자료가 필요함을 인식하게 되었다.

야구 경기 관람 체험학습(8~10차시)

> ★ 야구 경기 규칙 살펴보기
> ★ 기아타이거즈 경기 관람 체험학습(현장체험학습 연계)

학교 체험학습으로 야구 경기를 관람하기 전에 체육시간을 활용하여 야구 규칙을 알아보는 시간을 가졌다. 여학생들은 운동 경기에 대한 관심이 남학생에 비해 적은 편이었다. 그래서 모둠별로 공격, 수비, 승패와 관련된 규칙을 조사하여 발표·토의를 하였고 경기 관람 전 필요한 기초지식을 습득하여 경기 관람에 몰입할 수 있도록 하였다.

학생들은 야구 경기를 이해하게 되자 온전히 경기 관람을 즐기는 모습을 보였다. 모둠별로 모여 앉아 전광판을 보며 기록을 살펴보고 경기에 몰입하는 모습을 보니 이번 프로젝트학습에서 교사가 바라던 목표에 가까워진 느낌이었다. 실시간으로 전광판에 나타나는 선수들 타율의 변화를 관찰하며 이야기를 나누는 모습이 인상 깊었다.

기아타이거즈를 위한 제안서 만들기(11~13차시)

> ★ 기록 분석 결과를 바탕으로 모둠별 제안서 제작
> ★ 중간발표를 통한 모둠별 상호 점검하기
> ★ 제작한 제안서 기아타이거즈에 발송하기

산출물 발표 준비 단계에서 모둠별로 기록을 분석하고, 직접 경기를 관람한 경험을 토대로 기아타이거즈에 보내는 제안서를 기획하였다. 제안서와 함께 선수와 팀을 응원하는 편지나 문구 등을 추가하고 싶다는 의견을 내어서 응원 편지를 함께 보내기로 하였다. 제안서는 다양한 형태와 대상(감독, 선수, 구단)으로 제작되었으며 중간발표 시간에 상호 피드백을 통해 자료에 대한 보완이 이루어졌다. 완성된 자료는 교사의 편지와 함께 기아타이거즈에 발송하여 자료로 활용할 수 있도록 하였다. 기아타이거즈 구단에서 연락이 오면 학생들에게 더 좋은 추억으로 남았겠지만, 구단에서 따로 연락이 오지 않아 아쉬웠다.

제안서 제작

발송한 제안서

프로젝트학습 및 성찰(14차시)

★ 성찰일지 작성하기
★ 성찰일지 공유하기(알게 된 점, 잘한 점&아쉬웠던 점 등)

마무리인 성찰단계에서는 학생들이 미리 작성해 온 성찰일기를 간단한 간식과 함께 공유하는 시간을 가졌다. 프로젝트학습을 통해 알게 된 점, 잘한 모둠원 칭찬, 스스로 잘한 점과 아쉬운 점 등을 서로 이야기하며 프로젝트학습을 마무리했다. 교사는 그동안의 활동 내용과 관찰했던 누가기록평가를 정리하여 잘한 점과 보완할 점에 대해 이야기를 했다. 학생 개개인에 대한 자세한 피드백은 중간중간 제공했기에 세부적인 내용보다는 전체적인 내용을 다루었다. 학생들이 알게 된 점으로 가장 많이 나온 의견은 비율이 우리 생활에서 이렇게 많이 사용되는 줄 몰랐다는 것과 야구가 재미있는 스포츠라는 사실을 알게 되었다는 것이다. 프로젝트학습이 끝난 후 남은 수학 차시를 활용하여 수학익힘책 및 학습지를 통해 다시 한번 비와 비율 학습 내용을 확인하고 평가하였다.

Step ③ 프로젝트학습 되돌아보기

수학 교과를 학생들이 흥미와 관심을 가지고 즐겁게 배울 수 있도록 하는 것은 어려운 일이다. 올해 가르친 학생들은 유독 수학에 관심이 없었고 수동적인 모습을 보였다. 이 학생들에게 조금이라도 수학에 흥미를 갖게 해주고 싶었다. 또한 세상은 수학으로 이루어져 있으며 살아가는 데 수학적 지식이 필요함을 인식하도록 해주고 싶었다.

프로젝트학습의 목표를 달성했다고 생각한다. 이번 프로젝트학습이 수학에 더 흥미를 갖는 계기가 되었으면 한다.

5~6학년
프로젝트학습 사례
③

```
고무동력 자동차
경주대회 우승자는 누구?
5학년
```

Step ① 프로젝트학습 설계하기

주제선정 과정

5학년 2학기 과학과 1단원은 '만들기 중심 자유탐구' 단원으로 학습 내용은 '모래시계 만들기'이다. 수업을 시작하기 전 몇몇 학생들과 이야기를 나누는 과정에서 학생들이 모래시계 만들기에 흥미가 없고 다른 만들기 활동을 원한다는 것을 알게 되었다. 그리하여 만들기 중심 자유탐구의 취지를 살리면서 학생들의 삶과 관련 있고 흥미를 유발할 수 있는 프로젝트학습을 설계하기로 마음먹었다.

만들기 중심 자유탐구 프로젝트학습을 설계하기 위해 학생을 대상으로 설문한 결과 '자동차 만들기'가 높게 나왔다. 또한 만드는 방법이 정해진 활동보다 창의적으로 만드는 활동을 선호하는 것으로 나타났다. 이와 같은 결과를 바탕으로 '창의적인 자동차 만들기'를 프로젝트학습의 중심으로 설정하고 관련 성취기준과 교과서를 분석하였다. 아래는 '창의적 자동차 만들기'와 관련된 성취기준과 교과서를 정리한 내용이다.

관련 성취 기준	〔6과07-01〕 일상생활에서 물체의 운동을 관찰하여 속력을 정성적으로 비교할 수 있다. 〔6실04-04〕 수송과 수송 수단의 의미를 알고, 수송 수단의 기본 요소를 설명한다. 〔6실04-05〕 다양한 재료를 활용하여 수송 수단을 구상하고 제작한다.
관련 교과서 단원	- 과학 1단원 '재미있는 나의 탐구' - 과학 5단원 '물체의 운동' - 실과 4단원 '빠르고 안전하게! 나의 생활과 수송 과학(이춘석, 천재교과서)'

이러한 내용을 바탕으로 수송의 의미와 수송수단의 기본 원리를 이해하고, 빠르고 튼튼한 자동차를 만들며, 게임 요소를 추가해 고무동력 자동차 경주대회를 여는 〈고무동력 자동차 경주대회 우승자는 누구?〉라는 프로젝트 주제를 선정하였다.

프로젝트학습 목표
① 수송과 수송수단의 기본 요소 알기
② 빠르고 튼튼한 고무동력 자동차 만들기
③ 고무동력 자동차 빠르기 비교하기

프로젝트질문
(자동차 제작자)로서 어떻게 하면 (고무동력 자동차 경주대회)에서 우승할 수 있을까?

교육과정 분석

◎ 관련 성취기준

〔6과07-01〕일상생활에서 물체의 운동을 관찰하여 속력을 정성적으로 비교할 수 있다.

〔6실04-04〕수송과 수송수단의 의미를 알고, 수송수단의 기본 요소를 설명한다.

〔6실04-05〕다양한 재료를 활용하여 수송수단을 구상하고 제작한다.

◎ 관련 교과서 차시 목표(총 16차시)

교과	단원	차시 학습 목표	차시
과학	1. 재미있는 나의 탐구	탐구 문제를 정해 볼까요?	1
		탐구 계획을 세워 볼까요?	1
		탐구를 실행해 볼까요?	2
		탐구 결과를 발표해 볼까요?	1
		새로운 탐구를 시작해 볼까요?	1
과학	5. 물체의 운동	바람으로 움직이는 종이 자동차 경주하기	1
		일정한 거리를 이동한 물체의 빠르기는 어떻게 비교할까요?	1
		일정한 시간 동안 이동한 물체의 빠르기는 어떻게 비교할까요?	1
실과	4. 빠르고 안전하게! 나의 생활과 수송	수송수단으로 편리하게 이동해요.	1
		수송수단에는 꼭 필요한 요소가 있어요.	2
		여러 가지 재료로 수송수단을 만들어요.	4

▼

배워야 할 내용	- 수송과 수송수단의 의미 이해하기 - 수송수단의 기본요소 이해하기 - 고무동력 자동차 만들기 방법 알기	산출물
실천해야 할 활동	- 고무동력 자동차 만들기 - 일정한 거리를 이동한 물체의 빠르기 비교하기 - 일정한 시간 동안 이동한 물체의 빠르기 비교하기	고무동력 자동차

환경 조성하기

① 이질 집단 4인 1조의 모둠 구성

② 기본 재료로 나무 하드바, 빨대, 바퀴, 바퀴 축, 글루건, 이쑤시개, 고무줄(가는 것, 두꺼운 것)은 교사가 지원하고, 더 필요한 재료는 모둠에서 준비

③ 학생과 교사가 함께 구성한 프로젝트질문과 배움 활동 계획을 교실에 게시

평가 계획

영역	평가 내용	평가 방법
성취 기준	• 수송의 의미와 수송수단의 기본 요소를 이해하는가?	상호평가 (구술평가)
	• 자동차의 구조를 반영하여 안전하고 튼튼한 고무동력 자동차를 만드는가?	산출물 평가
	• 일정한 거리와 일정한 시간을 이동한 고무동력 자동차의 빠르기를 비교할 수 있는가?	결과물평가 (학습지)
핵심 역량	• (자기관리 역량) 자신의 맡은 역할을 책임감 있게 수행하는가?	관찰평가
	• (의사소통 역량)(공동체 역량) 프로젝트질문을 해결하기 위해 모둠원을 존중하고 협력하며 의사소통하는가?	관찰평가
	• (창의적 사고 역량) 튼튼하고 빠른 고무동력 자동차를 만들기 위해 창의적인 방법을 고려하는가?	관찰평가

프로젝트학습 배움 활동 흐름

주제	차시	배움 활동 내용	단계
고무동력 자동차 경주대회 우승자는 누구?	1-2	프로젝트학습 도입하기	도입
	3	수송과 자동차의 기본 요소 이해하기	탐구
	4-6	고무동력 자동차 디자인하기	
	7	디자인 발표하기	
	8-10	1차 고무동력 자동차 만들기	
	11	시범 운행하기	
	12-14	2차 고무동력 자동차 만들기 (시범운행 피드백 반영)	
	15	고무동력 자동차 경주대회 실시하기	공유
	16	프로젝트학습 정리하기	정리

Step ② 프로젝트학습 실천하기

프로젝트학습 도입하기(1-2차시)

> ★ 주제 안내하기
> ★ 동기 유발하기
> ★ 프로젝트질문 구성하기
> ★ 배움 활동 구성하기
> ★ 계획서 및 계약서 작성하기
> ★ 평가기준 확인하기

본 차시는 도입단계로 학생들이 프로젝트학습에 흥미를 느끼고, 프로젝트질문을 바탕으로 배움 활동을 구성하여 프로젝트학습에 몰입하도록 하는 데 목적이 있다.

먼저 교사가 〈고무동력 자동차 경주대회 우승자는 누구?〉라는 프로젝트 주제를 안내하고, '고무동력 자동차 하면 어떤 생각이 떠오르나요?', '고무동력 자동차와 관련된 경험을 이야기해 봅시다.'를 중심으로 질의응답을 나누었다. 그리고 교사가 제시한 '자동차 경주대회', '5종류의 고무동력 자동차 소개', '자동차 제작자'와 관련된 영상을 보고 아래와 같은 질의응답을 나누었다.

① 자동차 경주대회 영상: 자동차 경주대회에서 우승하기 위해서는 어떤 점이 가장 중요할까요?

② 5종류의 고무동력 자동차를 소개하는 영상: 어느 고무동력 자동차가 자동차 경주대회에서 우승할까요? 그 이유는 무엇인가요?

③ 자동차 제작자를 소개하는 영상: 자동차 제작자에게 가장 필요한 능력은 무엇인가요? 그 이유는 무엇인가요?

세 가지 영상을 보고 나눈 질의응답은 각각 목적이 있다. 첫째, 자동차 경주대회 영상 질의응답은 자동차 경주대회에 흥미와 호기심을 느끼도록 하는 데 목적이 있다. 둘째, 5종의 고무동력 자동차 영상 질의응답은 경주대회에서 우승하기 위해서는 어떤 고무동력 자동차를 만들어야 할지 고민하도록 하는 데 목적이 있다. 마지막으로 자동차 제작자를 소개하는 영상 질의응답은 고무동력 자동차를 만들 때 끈기가 필요함을 느끼도록 하는 데 목적이 있다.

자동차 경주대회 영상 사진	5종류의 고무동력 자동차 영상 사진

이번 프로젝트학습을 함께한 학생들은 프로젝트학습에 대한 경험이 대부분 없었다. 그래서 학생들이 프로젝트질문을 구성하는 데 어려움을 느낄 것으로 예상하였다. 학생들이 프로젝트질문 작성에 느끼는 어려움을 덜어주기 위해 교사가 기본 틀을 제시하고 학생들이 프로젝트질문을 구성하는 '기본 틀 제시형'을 적용하였다. 영상에 관한 질의응답을 바탕으로 모둠별로 프로젝트질문을 작성한 뒤 모둠별 프로젝트질문을 전체 학급에서 공유하면서 아래와 같은 프로젝트질문을 구성하였다.

교사가 제공한 프로젝트질문 기본 틀		학생과 교사가 구성한 프로젝트질문
(역할)로서 어떻게 하면 (과업)에서 우승할 수 있을까?		(자동차 제작자)로서 어떻게 하면 (고무동력 자동차 경주대회)에서 우승할 수 있을까?

배움 활동을 구성하기 위해 프로젝트질문을 해결하는 데 있어 필요한 '배워야 할 내용'과 '실천해야 할 활동'을 개인별로 포스트잇에 적도록 하였다. 그리고 모둠에서 포스트잇을 비슷한 내용끼리 유목화하여 정리한 뒤 허니컴보드에 적고 칠판에 붙이도록 하였다. 마지막으로 교사와 학생이 칠판에 붙은 허니컴보드에 작성된 '배워야 할 내용'과 '실천해야

할 활동'을 바탕으로 우리 반 전체 배움 활동과 학습 시수를 설정하였다.

〔모둠별 배워야 할 내용 유목화 목록〕

- 고무동력 자동차 만드는 방법 배우기   - 고무줄 잇는 방법 배우기
- 균형을 유지하는 방법 배우기   - 고무동력 자동차 부품 알아보기
- 움직이는 방법 배우기

〔모둠별 실천해야 할 활동 유목화 목록〕

- 시범 운행하기   - 고무동력 자동차 디자인하기
- 고무동력 자동차 디자인 발표하기   - 고무동력 자동차 만들기
- 고무동력 자동차 경주대회 실시하기

교사는 프로젝트학습을 설계할 때 중간발표하기를 학생들이 자신의 고무동력 자동차를 소개하면서 피드백을 받아 수정·보완하는 방법으로 운영하고자 하였다. 그런데 배움 활동을 구성하는 과정에서 학생들은 소개하기보다 고무동력 자동차 시범 운행을 원하였다. 시범 운행은 소개하기와 비교했을 때 다른 사람의 피드백을 반영하기 위한 본연의 목적을 달성하면서 동시에 경쟁이라는 게임 요소가 추가되어 학생들에게 더 나은 배움과 동기가 유발될 수 있는 활동이라고 판단해 학생의 의견을 받아들였다. 설계단계에서 필수 배움활동으로 구상한 '수송과 자동차의 구조 이해하기'를 모색하지 못하였다. 그래서 교사는 '수송과 자동차의 구조'의 이해는 고무동력 자동차를 디자인하는 데 있어 필수적인 요소임을 학생들에게 설명하고 이를 배움 활동에 포함하였다.

아래는 교사가 설계한 배움 활동이 학생과 교사의 협의로 변화된 내용을 정리한 것이다.

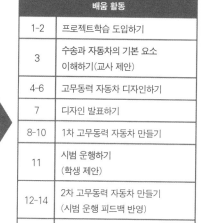

	교사가 설계한 배움 활동
1-2	프로젝트학습 도입하기
3	수송과 자동차의 기본 요소 이해하기
4-6	고무동력 자동차 탐색 및 디자인하기
7	디자인 발표하기
8-10	1차 고무동력 자동차 만들기
11	고무동력 자동차 소개하기
12-14	2차 고무동력 자동차 만들기 (시범 운행 피드백 반영)
15	고무동력 자동차 경주대회 실시하기
16	프로젝트학습 정리하기

	학생과 교사가 구성한 배움 활동
1-2	프로젝트학습 도입하기
3	수송과 자동차의 기본 요소 이해하기(교사 제안)
4-6	고무동력 자동차 디자인하기
7	디자인 발표하기
8-10	1차 고무동력 자동차 만들기
11	시범 운행하기 (학생 제안)
12-14	2차 고무동력 자동차 만들기 (시범 운행 피드백 반영)
15	고무동력 자동차 경주대회 실시하기
16	프로젝트학습 정리하기

프로젝트질문 및 배움 활동 구성하기를 바탕으로 모둠별로 프로젝트학습 계획서와 계약서를 작성하였다. 그리고 학생에게 계약서에 적은 자신의 다짐을 모둠원들에게 공언하게 하여 무임승차가 일어나지 않도록 하였다.

계획서 및 계약서

마지막으로 〈고무동력 자동차 경주대회 우승자는 누구?〉의 평가기준을 성취기준과 핵심역량 측면에서 학생들이 이해할 수 있도록 프레젠테이션 자료로 작성하여 안내하고 수업을 마무리하였다.

수송과 자동차의 기본 요소 이해하기(3차시)

★ 수송과 수송수단 의미 이해하기
★ 수송수단 구별하기
★ 자동차의 기본 요소 이해하기
★ 고무동력 자동차의 구동장치 원리 파악하기

본 차시는 학생들이 수송과 수송 수단의 의미를 이해하고, 자동차의 기본 요소와 구동장치의 원리를 배우는 데 목적이 있다.

먼저 원 힐 전동 스케이트, 에이요, 오르빗힐 등 신기한 수송수단을 소개하는 동영상을 보았다. '이것들의 주요한 용도는 무엇인가?', '이것들을 사용한 목적이 무엇인가?' 질의응답을 통해 학생들이 수송과 수송수단의 의미를 이해하도록 하였다.

【수송과 수송수단의 의미】

– 수송: 사람, 동물, 물건 등을 한 장소에서 다른 장소로 이동하는 것

– 수송수단: 사물이나 물건을 원하는 장소까지 효율적으로 이동시켜 주는 것

다양한 수송 수단을 프레젠테이션으로 제시한 뒤, 모둠별로 기준을 정해 분류하는 활동을 통해 수송수단이 육상, 해상, 공중 수송 수단으로 구분됨을 이해하도록 하였다.

자동차의 기본 요소(구동, 조향, 제동)와 고무동력 자동차 제작에서 가장 중요한 구동장치의 원리를 5종의 실과 교사용 지도서, 교과서, 인터

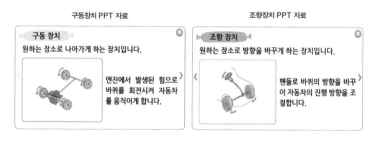

구동장치 PPT 자료　　　　　　　조향장치 PPT 자료

〈고무동력 자동차 구동장치의 원리〉
① 바퀴축과 걸개는 직접 만나야 한다. ② 걸개가 돌아가는 공간은 확보되어야 한다.
③ 고무줄의 한쪽은 바퀴축에 고정되어야 한다.

넷 자료를 바탕으로 교사가 프레젠테이션 자료를 제작하여 강의식으로 설명하였다. 자동차의 기본 요소는 정해진 정답이 있기 때문에 탐구보다는 강의식으로 설명해주는 게 이해하기가 훨씬 쉽고 효율적이라고 판단했기 때문이다.

학생들이 구동장치의 원리를 이해하는 게 이번 차시에서 가장 중요하다. 구동장치의 원리를 정확히 이해해야 디자인부터 제작까지 자기주도적으로 실행할 수 있기 때문이다. 그래서 다음 사진처럼 걸개 회전공간이 미확보된 사례, 바퀴축이 평행하지 않은 사례 등을 사진으로 제시하고, 짝과 잘못된 점을 찾는 활동을 통해 구동장치의 원리를 이해하도록 하였다.

자동차의 기본 요소 중 조향장치와 제동장치는 고무동력 자동차에서 구현하기에는 초등학교 수준에서는 어려운 부분이 많다. 그래서 조향장치와 제동장치를 구현하고 싶은 모둠은 인터넷 사이트, 책 등을 활용하여 모둠에서 스스로 탐색하고 반영하도록 안내하였다.

◀

구동장치가 잘못 구현된 사진 자료
(왼: 걸개 회전공간 미확보 / 오: 바퀴축 평행하지 않음)

고무동력 자동차 디자인하기(4-6차시)

★ 고무동력 자동차 경주대회 안내하기
★ 재료 안내하기
★ 다양한 고무동력 자동차 탐색하기
★ 고무동력 자동차 디자인하기

본 차시는 학생들이 자기주도적으로 다양한 고무동력 자동차를 탐색하여 반영할 점을 찾아낸 뒤, 이를 바탕으로 고무동력 자동차를 디자인해보는 목적을 가지고 있다.

먼저 고무동력 자동차 경주대회는 5m 경주대회와 30초 경주대회로 나누어 실시한다고 안내하였다. 기본 재료로 나무 하드바, 빨대, 바퀴, 바퀴축, 글루건, 이쑤시개, 고무줄을 교사가 지원하고, 더 필요한 재료는 모둠에서 준비하라고 안내하였다. 다양한 고무동력 자동차를 탐색하기 전에 고무동력 자동차 경주대회와 기본 재료를 안내한 까닭은 디자인할 때 상상이 아닌 실제 교실 환경에서 만들 수 있는 디자인과 설계를 하도록 하기 위함이다.

► 교사 제공 재료

다음으로 3차시(120분) 동안 다양한 고무동력 자동차를 탐색하고 디자인을 완성하도록 안내하였다. 시간을 안내한 이유는 배정된 시간 안에 모둠의 자율성을 보장하면서 계획에 따라 고무동력 자동차를 디자인하기 위해서이다.

고무동력 자동차를 디자인하는 데 반영할 점을 찾기 위해 다양한 인터넷 사이트를 탐색하도록 안내하였다. 대부분의 모둠은 다양한 경로를 통해 고무동력 자동차를 탐색하였다. 그런데 유독 한 모둠이 40분이 지나도 탐색을 제대로 하지 못하고 어려워하여 교사가 미리 준비한 고무동력 자동차 관련 영상을 QR코드로 제공하였다.

학생들은 검색을 바탕으로 고무동력 자동차를 디자인하였다. 디자인할 때 아름다움보다는 아이디어의 표현을 중심으로 디자인하도록 하였다. 디자인의 오류를 검증하기 위해 옆쪽과 위쪽에서 바라본 모습을 디자인하도록 안내하였다.

모둠별로 고무동력 자동차를 탐색하고 디자인할 때 교사는 도움을 요청한 학생에게 적절한 피드백을 제공하였고, 다음 질문을 통해 학생들이 프로젝트학습의 방향을 잃지 않도록 도와주었다.

◀ 다양한 고무동력 자동차
탐색 모습

① 이렇게 디자인하면 고무동력 자동차가 튼튼할까요?

② 이렇게 디자인하면 고무동력 자동차가 빠를까요?

디자인 발표하기(7차시)

★ 피드백 관점 제시하기
★ 고무동력 자동차 디자인 발표하기(갤러리워크)
★ 고무동력 자동차 디자인 수정하기

본 차시는 모둠이 작성한 디자인에 대해 다양한 피드백을 얻어 더 나은 고무동력 자동차 디자인을 완성하는 데 목적이 있다.

먼저 교사는 피드백을 제시할 관점을 다음과 같이 제시하였다. 갤러리워크를 할 때 아래 관점에 유의하며 디자인 발표를 듣고 적절한 피드백을 하도록 안내하였다.

① 구동장치가 바르게 작동하나요?

② 실제로 우리가 만들 수 있나요?

③ 5m 경주대회와 30초 경주대회에 참여할 만큼 튼튼한가요?

④ 더 나은 고무동력 자동차가 되기 위한 방법을 생각해 봅시다.

디자인 발표는 갤러리워크 형태로 실시하였다. 모둠별로 1명의 발표자가 모둠에 남아 디자인을 설명하고, 나머지 학생들은 관객이 되어 다른 모둠에 가서 설명을 듣고 피드백을 제공하도록 하였다. 2분 디자인 발표, 3분 피드백 주고받기를 1회로 구성하고, 총 3회를 진행하였다. 갤러리워크를 3회 운영함으로써 관객은 여러 모둠의 디자인에 대해 더욱 깊이 이해하였고, 발표자는 양질의 피드백을 얻을 수 있었다.

다음 예시는 피드백을 통해 걸개가 차체에 걸리는 점과 차체가 너무 약하다는 피드백을 받고 디자인을 수정한 경우이다.

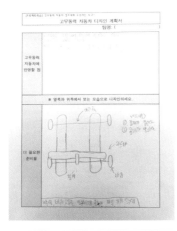

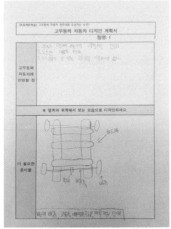

디자인 계획서 수정 비교
(위: 수정 전, 아래: 수정 후)

1차 고무동력 자동차 만들기(8-10차시)

★ 고무동력 자동차 만들기 안내하기
★ 고무동력 자동차 만들기

본 차시는 수정·보완한 디자인을 바탕으로 고무동력 자동차를 만드는 데 목적이 있다.

먼저 3차시(120분) 동안 고무동력 자동차를 만들고, 시범 운행을 한 뒤, 다시 3차시(120분) 동안 고무동력 자동차를 수정·보완했다.

디자인은 제작 중에 수정할 수 있음을 안내하였다. 대부분 모둠은 자신들의 디자인 계획서를 바탕으로 만들기를 진행하였는데, 한 모둠은 자신들의 디자인이 부족하다고 느끼고 이를 보완하기 위해 인터넷에서 고무동력 자동차 영상을 보고 고무동력 자동차를 만들기도 하였다.

프로젝트학습의 질적 향상은 배움 과정에서 교사의 질문과 피드백에 의해 결정된다. 특히 고무동력 자동차를 만드는 과정은 이번 프로젝트학습의 가장 핵심적인 과정으로 교사의 적절한 질문과 피드백이 필수적이다. 이에 교사는 교실을 돌아다니면서 적절한 피드백을 제공하였다. 그

▶
고무동력 자동차
만드는 모습

PART 4: 어수선이 실천한 프로젝트학습 사례

리고 여러 이유로 배움에서 이탈하여 무임승차하는 학생들을 계속적으로 지도하였다. 학생들에게 다음과 같은 질문을 하면서 프로젝트학습의 방향을 잃지 않도록 안내하였다.

① 우리가 해결해야 하는 프로젝트질문이 무엇인가요?
② 자동차 경주대회에서 우승하려면 어떻게 해야 할까요?
③ 자동차 경주대회에서 우승하려면 어떤 자동차가 더 유리할까요?

시범 운행하기(11차시)

★ 시범 운행하기(모둠별)
★ 모둠별 토의하기

본 차시는 이전 차시에서 만든 고무동력 자동차가 5m 경주와 30초 경주를 수행할 수 있는지 파악하고, 부족한 부분을 어떻게 보완할지 성찰하는 데 목적이 있다.

먼저 실제 고무동력 자동차 경주대회를 실시할 장소에서 모둠별로 시범 운행을 한 뒤, 5m 시범 경주와 30초 시범 경주를 실시한다고 안내하였다.

모든 학생은 자신들의 고무동력 자동차가 30초 이상 5m는 거뜬하게 운행될 수 있을 거라고 생각했다. 그러나 실제로 1m 이상 움직이는 고무동력 자동차가 드물었고, 별다른 충격이 없었는데도 망가지는 자동차도 많았다. 가장 큰 문제점은 바퀴가 헛돌아 자동차가 앞으로 나아가지 못한 경우가 많았다. 그래서 5m 시범 경주와 30초 시범 경주는 실시하지 않고, 모둠별 토의를 진행했다. 그 결과 시범 운행에서 발생한 문제점에 대한 해결 방법을 다음과 같이 모색하였다.

① 한 번에 이동거리가 짧음 → 구동장치를 더 강하게 하기 위해 여러 개의 고무줄로 구동장치를 만들거나 두꺼운 고무줄 사용하기
② 고무동력 자동차 뼈대가 그냥 부서짐 → 고무동력 자동차 뼈대를 구성하는 나무 하드바를 두 겹 이상 겹쳐서 만들거나 접합 부분에 글루건을 좀 더 튼튼하게 붙이기
③ 바퀴가 헛돌아 앞으로 움직이지 않음 → 두꺼운 고무줄을 바퀴 둘레만큼 잘라 글루건으로 붙여서 마찰력 높이기(1모둠만 찾음)

특히 바퀴가 헛돌아 앞으로 나가지 못하는 문제에 대해서 학생들과 교사가 해결 방법을 찾지 못해 전전긍긍하고 있었다. 이때 한 학생이 두꺼운 고무줄을 바퀴 둘레만큼 잘라 글루건으로 붙이고 바퀴에 감아 운행하니 고무동력 자동차가 이전보다 더 멀리 움직였다. 교사는 이 광경을 우연히 보고 바퀴에 마찰력이 적어 헛돌았다는 것을 깨달았다. 학생이 발견한 해결책을 전체 학생들에게 알려주려고 할 때 수업 시간이 끝났다. 그래서 과제로 바퀴가 헛돌아 앞으로 나아가지 못한 문제를 해결할 수 있는 방법을 찾아보도록 안내하였다. 교사는 고무줄을 사용하여 바퀴가 헛돌지 않게 하는 방법을 안내하는 프레젠테이션 자료를 만들었다.

2차 고무동력 자동차 만들기(12-14차시)

> ★ 바퀴 헛돌지 않는 방법 안내하기
> ★ 고무동력 자동차 만들기(수정 · 보완)

본 차시는 시범 운행을 통해 파악한 문제점을 보완하여 자동차 경주 대회를 대비하는 데 목적이 있다.

먼저 바퀴에 마찰력이 없어 앞으로 나아가지 못하는 문제를 해결하는 방법에 대해 배우는 시간을 가졌다. 마찰력이 큰 고무동력 자동차(고무줄이 붙은 바퀴)와 마찰력이 작은 고무동력 자동차(고무줄이 붙지 않은 바퀴)의 운행 모습을 동영상으로 보여주었다. 그리고 둘 사이의 차이점에 대해 이야기를 나누면서 바퀴에 고무줄을 감으면 마찰력이 커져서 잘 움직인다는 것을 배울 수 있도록 하였다.

각 모둠은 3차시(120분) 동안 고무동력 자동차의 약점을 보완하였다. 어떤 모둠은 여러 개의 고무줄을 엮거나 두꺼운 고무줄을 사용하여 구동 장치를 강화하였다. 다른 모둠은 나무 하드바를 두 겹 이상 겹치거나 접합 부분을 글루건으로 좀 더 튼튼하게 강화하였다. 대부분의 모둠에서 바퀴에 두꺼운 고무줄을 붙여 마찰력을 높였다.

◀
완성된 고무동력
자동차 사진

문제점을 보완한 모둠은 남은 시간에 고무동력 자동차 경주대회 전략을 세웠다. 실제 경주대회를 할 장소에 나가서 시범 운행하거나 고무동력 자동차를 예쁘게 꾸미는 모둠도 있었다.

고무동력 자동차 경주대회 실시하기(15차시)

> ★ 고무동력 자동차 경주대회 규칙 안내하기
> ★ 5m 고무동력 자동차 경주대회 실시
> ★ 30초 고무동력 자동차 경주대회 실시
> ★ 고무동력 자동차 경주대회 시상하기

본 차시는 5m 경주대회와 30초 경주대회를 통해 일정한 거리와 일정한 시간에 어떤 운동이 더 빠른지를 이해하는 데 목적이 있다.

먼저 고무동력 자동차 경주대회 규칙을 안내하였다.

〈고무동력 자동차 경주대회 규칙〉

① 모둠별 드라이버 1명은 출발선에 모인다.

② 나머지 학생들은 경기장 주위에서 시간과 거리를 기록하며 참관한다.

③ 고무동력 자동차가 멈추었던 곳에서 고무줄을 다시 감아 출발한다.

④ 손으로 미는 행위는 부정행위로 실격 처리한다.

⑤ 점수: 1위 7점, 2위 6점---6위 2점, 7위 1점으로 한다.

⑥ 5m 경주대회 1회, 30초 경주대회 1회 실시하며, 획득한 점수가 높은 팀이 최종 우승한다.

5m 경주를 실시하였는데 4번 규칙을 어기는 모둠이 있었다. 고무동력 자동차 경주대회에 참여해야만 속력을 정성적으로 비교하기를 배울 수 있으므로 규칙을 어긴 모둠에게 규칙을 지키도록 안내하고, 다른 모둠의 동의를 얻어 경주대회를 다시 진행하였다. 만약 고무동력 자동차 경주대회를 진행한다면 4번 규칙을 강조하기 바란다.

5m 고무동력 자동차 경주대회를 실시한 뒤, 모둠별로 결승선을 통과한 시간을 학습지에 기록하였다. 그리고 '어느 모둠의 고무동력 자동차가 가장 빠르나요? 그 이유는 무엇인가요?'라는 질의응답을 통해 5m 경주대회에서 가장 빠른 물체는 걸린 시간이 가장 적은 물체임을 이해하도록 하였다.

30초 고무동력 자동차 경주대회를 실시한 뒤, 모둠별로 이동한 거리를 학습지에 기록하였다. 그리고 '어느 모둠의 고무동력 자동차가 가장 빠르나요? 그 이유는 무엇인가요?'라는 질의응답을 통해 30초 경주대회에서 가장 빠른 물체는 가장 멀리 이동한 물체임을 이해하도록 하였다.

5m 경주대회와 30초 경주대회를 통해 '[6과07-01] 일상생활에서 물체의 운동을 관찰하여 속력을 정성적으로 비교할 수 있다.'라는 성취기준에 자연스럽고 재미있게 도달할 수 있었다.

◀
고무동력
자동차 경주대회

마지막으로 고무동력 자동차 경주대회 점수를 기준으로 시상하여 학습 만족감을 느끼도록 하였다.

프로젝트학습 정리하기(16차시)

★ 성취기준 도달 확인하기
★ 프로젝트학습 성찰하기

본 차시는 프로젝트학습의 성취기준 도달 여부를 확인하고, 프로젝트학습 과정과 결과를 성찰하는 데 목적이 있다.

먼저, '[6실04-04] 수송과 수송수단의 의미를 알고, 수송수단의 기본 요소를 설명한다.'라는 성취기준에 도달했는지를 확인하기 위해 짝에게 수송 및 수송 수단 의미와 자동차의 기본 요소를 설명하도록 하였다. 그리고 '[6과07-01] 일상생활에서 물체의 운동을 관찰하여 속력을 정성적으로 비교할 수 있다.'에 도달했는지를 확인하기 위해 15차시에서 작성한 학습지를 통해 알게 된 점을 짝에게 설명하도록 하였다. 두 활동으로 학생 간 상호평가를 실시하였다. 성취기준에 도달하지 못한 학생들은 교사가 직접 추가 지도를 하였다.

프로젝트학습 성찰하기는 나에 대해 성찰하기, 프로젝트학습에 대해 성찰하기, 다음 프로젝트학습 다짐하기로 나누어 다음 페이지에 나오는 표와 같은 질문을 중심으로 실시하였다. 먼저 성찰지에 자신의 생각을 정리한 다음 모둠원과 공유하도록 하였다.

나에 대해 성찰하기	– 프로젝트학습을 하면서 내가 가장 잘한 점은 무엇입니까? – 프로젝트학습을 하면서 나에게 가장 아쉬웠던 점은 무엇입니까?
프로젝트학습에 대해 성찰하기	– 모둠이나 개인 활동에서 열심히 참여한 친구는 누구이며, 　어떤 점을 칭찬하고 싶습니까? – 프로젝트학습에서 배운 가장 중요한 점은 무엇입니까?
다음 프로젝트학 습 다짐하기	– 다음에 더 나은 프로젝트학습을 위해 나는 　무엇을 어떻게 해야 합니까?

Step ③ 프로젝트학습 되돌아보기

〈고무동력 자동차 경주대회 우승자는 누구?〉 프로젝트학습은 보람과 아쉬움이 교차하는 시간이었다. 이번 프로젝트학습에 참여한 학생 중 평소 학업성취도가 낮고, 수업에는 관심이 없으며, 오직 축구를 하기 위해 학교에 오는 학생이 있었다. 이 학생은 원래 자동차 만들기에 관심이 있어 프로젝트학습 도입부터 몰입하는 모습을 보여주었다. 평소 쉬는 시간과 점심시간에 항상 축구를 하던 학생이 축구를 하지 않고 자발적으로 고무동력 자동차를 수정하고 보완하는 모습에서 학생의 흥미가 반영된 프로젝트학습의 저력을 보았다. 게다가 다른 학생들과 협력하고, 갈등 상황을 슬기롭게 극복하면서 성취기준에 도달하는 모습을 보면서 교사로서 매우 뿌듯했다.

보완해야 할 점도 몇 가지가 있다. 첫째, 내용이 크게 어렵지 않고 학습량이 많지 않아 일부 학생들이 적극적으로 참여하지 않고 무임승차하는 경우가 있어 2인 1모둠으로 구성하는 방법도 고려할 만하다.

둘째, 정리단계에서 프로젝트학습 경험이 적은 학생들에게 성찰에 대해 자세히 안내한 뒤 마무리되었다면 더 의미 있는 배움이 일어났을 것이다.

5~6학년
프로젝트학습 사례
④

우리 지역 생태계는

우리가 지켜요!

5학년

Step ① 프로젝트학습 준비하기

주제선정 과정

생태계 보전은 미래에 행복한 삶을 살기 위한 필수적인 조건이다. 교과서는 환경오염의 실제적인 탐사와 측정보다 환경오염의 종류와 이에 따른 피해 사례를 이론적으로 배우도록 구성되어 있다. 이로 인해 학생들은 생태계 보전에 대한 필요성을 크게 느끼지 못한다. 학생들은 환경오염 문제를 실제로 돌아보지 못하고 교과서나 매체를 활용해 간접 경험을 하는 경우가 많은 것이 현실이다.

이런 고민에서 프로젝트학습을 설계하고 실시하였다. 학생들이 실제로 지역 하천의 수질을 조사하고, 지역 하천 생태계 보전에 대한 기사문 작성을 통해 생태계를 보전하는 마음과 태도를 갖게 해주고 싶었다.

프로젝트학습 목표

① 생태계 구성 요소와 서로 간의 영향 알아보기
② 지역 하천의 수질을 측정하고 결론 도출하기
③ 기사문 작성법을 이해하고 기사문 작성하기

프로젝트질문

00지역 학생기자로서 어떻게 하면 00천 보전의 중요성을 알릴 수 있을까?

교육과정 분석

◎ 관련 성취기준
[6과05-01] 생태계가 생물 요소와 비생물 요소로 이루어져 있음을 알고
생태계 구성 요소들이 서로 영향을 주고받음을 설명할 수 있다.
[6과05-03] 생태계 보전의 필요성을 인식하고 생태계 보전을 위해
우리가 할 수 있는 일에 대해 토의할 수 있다.
[6국03-04] 적절한 근거와 알맞은 표현을 사용하여 주장하는 글을 쓴다.

▼

배워야 할 내용	- 생태계의 구성 요소 이해하기 - 생태계 보전의 필요성을 인식하기 - 주장하는 글을 작성하는 법 학습하기
실천해야 할 활동	- 생태계의 구성 요소에 대해 학습하고 생태계의 구성 요소들이 주고받는 영향에 대해 이야기하기 - 생태계 보전을 위해 학생으로서 할 수 있는 일 파악하기 - 생태계 보전을 주장하는 기사문 쓰기

환경 조성하기

① 4~5인 1조의 모둠 구성
② 학생주도로 형성한 프로젝트질문과 프로젝트학습 활동 계획서를
교실 뒤쪽 환경게시판에 게시

평가 계획

영역	평가 내용	평가 방법
성취 기준	• 생태계의 구성 요소에 대해 이해하고 서로 영향을 주고받음을 설명할 수 있는가? • 적절한 근거와 알맞은 표현을 사용하여 주장하는 글(기사문)을 쓸 수 있는가?	산출물 평가 서술형 평가 관찰 평가
핵심 역량	• 책임감을 가지고 자신의 역할을 수행하였는가? (자기이해 역량, 창의적 사고 역량) • 문제를 해결하기 위해 다른 팀원들을 존중하며 협력하여 활동하는가?(의사소통 역량, 공동체 역량) • 프로젝트질문과 대상을 고려하여 산출물을 제작하였는가? (지식정보 처리 역량, 심미적 감성 역량)	자기평가 동료평가 관찰평가

프로젝트학습 흐름

주제	차시	배움 활동 내용
우리 지역 생태계는 우리가 지켜요!	1-2	프로젝트학습 도입하기
	3-4	생태계 구성 요소와 구성 요소 간 영향 이해하기
	5	생태계 보전의 중요성 이해하기
	6-8	해남천의 수질 측정하기
	9	기사문 작성방법 학습하기
	10-11	해남천 생태계 보전을 위한 기사문 작성하기
	12	모둠별 기사문 발표하기
	13	기사문을 언론사에 기고하기
	14	프로젝트학습 성찰하기

Step ② 프로젝트학습 실천하기

프로젝트학습 도입하기

★ 프로젝트 주제 관련 동기유발 자료 제시
- 해남천 악취 진동 논란 영상 시청(해남신문 영상뉴스)
- 해남군 생활하수 유입 오염 우려(기사문)
★ 프로젝트학습 주제 확인하기
★ 프로젝트질문 확인하기
★ 프로젝트학습 활동 탐색하기
- 프로젝트질문에 대해 알고 있는 것에 대해 적고 이야기 나누기
- 프로젝트질문을 해결하기 위해 배워야 할 것, 실천해야 할 것, 하고 싶은 것을 학습지에 적기
- 배워야 할 것, 실천해야 할 것, 하고 싶은 것을 유목화하기
★ 프로젝트학습 활동 계획 세우기
  프로젝트질문을 해결하기 위해 어떤 활동을 하면 좋을까요?
★ 모둠별 프로젝트학습 계획서 및 계약서 작성하기
★ 평가기준 확인하기

본 차시는 도입단계로 학생들이 프로젝트 주제에 흥미를 가지고 프로젝트질문 해결을 위한 다양한 활동을 구성하는 데 목적이 있다.

동기 유발을 위해 해남천에 악취가 진동한다는 지역신문 영상뉴스와 해남천에 생활하수가 유입되어 오염이 우려된다는 신문기사를 제시해 해남군 지역 하천의 오염 문제가 심각하다는 사실을 깨닫게 하였다. 해남천 옆을 지나갈 때 느낀 점도 함께 이야기해 보았다. 분위기가 점점 고조되고 지역 하천의 문제점에 대해 학생들의 관심이 극대화되었을 때 학생들에게 질문을 던졌다.

"우리가 해남천을 지키기 위해 할 수 있는 일은 없을까요? 여러분들도 해남에 사는 학생이잖아요."

학생들은 '우리도 해볼래요.', '해남천을 지켜야 해요.'라고 대답하였다. 이렇게 학생들이 문제 해결에 관심을 보일 때 다음과 같이 프로젝트 질문을 구체화했다.

> T: 사람들에게 해남천 보전의 중요성을 알릴 수 있는 효과적인 방법에는 어떤 것들이 있을까요?
> T: 어떻게 하면 학생으로서 해남천 보전의 중요성을 알릴 수 있을까요?

모둠별 토의를 통해 캠페인 활동, 수질정화 활동, 기사문 쓰기 등 여러 의견이 나왔다. 교사는 어른들과 지역주민들을 대상으로 해남천 보전의 중요성을 알리는 것이 중요하다는 피드백을 해주었다. 학생들은 캠페인 활동, 수질정화 활동은 일회성이 강하고, 다른 활동을 지속적으로 하기에는 부담감을 느낀다고 생각했다. 결국 해남천 보전의 중요성을 알리는 방법으로 신문기사를 작성해서 알리는 것이 좋다고 결정하고 다음과 같은 프로젝트질문을 구성하였다.

[〈해남천은 우리가 지켜요〉 프로젝트질문]
해남 학생기자로서 어떻게 하면 해남천 보전의 중요성을 알릴 수 있을까?

학생들과 프로젝트질문 해결을 위한 활동을 탐색하기 전에 몇 가지 발문을 통해 사고의 확장이 이루어지게 했다.

이제 프로젝트질문을 해결하기 위해 학생들은 우리가 알고 있는 것, 알아야 할 것, 실천해야 할 것을 기록한 뒤 모둠별 협의를 통해 공통된 의견을 모았다. 모아진 모둠별 의견들은 씽킹보드에 기록하여 칠판에 붙여 알아야 할 것, 실천해야 할 것으로 유목화하였으며 그 결과 학생들과 함께 선택한 활동들은 다음과 같다.

주제	차시	배움 활동 내용
우리 지역 생태계는 우리가 지켜요!	1-2	생태계 구성 요소를 이해하고 생태계 구성 요소들이 서로 영향을 주고받음을 이해하기
	3	생태계 보전의 중요성에 대해 학습하기
	4-6	해남천의 수질 측정하기
	7	기사문 작성방법 학습하기
	8-9	해남천의 생태계 보전을 위한 기사문 작성하기
	10	모둠별 기사문 발표하기
	11	기사문을 언론사에 기고하기
	12	프로젝트학습 성찰하기

완성된 프로젝트학습 활동 계획을 바탕으로 모둠별로 프로젝트학습 계획서와 계약서를 작성하였다. 계획서 작성시간에는 팀명 정하기, 활동 역할분담 등이 이루어졌으며 계약서 작성시간에는 활동에 참여하는 학생들의 다짐을 공언하여 책임감을 가지고 활동에 참여할 수 있도록 하였다.

프로젝트학습에 무책임한 몇몇 학생들은 학습활동이 아니라고 생각해 소극적으로 참여하는 경우가 있다. 이런 경우 학생들에게 평가기준을 미리 안내하고 프로젝트학습 시간에 이루어지는 모든 것을(협력적 태도 등 포함) 기록하고 평가한다는 것을 알리면 효과적이다. 활동 기간이 길어져 활동에 무책임한 학생들에게는 누가기록된 평가기록(과정중심평가)을 바탕으로 상담을 하는 것도 효과적이었다.

생태계의 구성 요소와 요소 간 영향 이해하기(1~2차시)

> ★ 생태계가 어떤 구성 요소로 구성되어 있는지 학습하기
> ★ 생태계 구성 요소들이 어떤 영향을 주고받는지 이해하기

생태계의 구성 요소는 생물 요소와 비생물 요소로 구성되어 있으며, 생물 요소와 비생물 요소는 서로 영향을 주고받으며 생태계가 구성되어 있음을 학습한다.

생태계 보전의 필요성 파악하기(3차시)

> ★ 생태계 보전의 정의 이해하기
> ★ 생태계 보전의 필요성에 대해 이해하기

환경오염은 생물의 생활과 생존에 해로운 영향을 준다는 점을 사례 중심으로 학습한다. 대기 오염(미세먼지), 수질오염(기름유출) 등을 사전에 조사해 오도록 과제로 제시하였다. 수업 시간에 사례 발표를 통해 환경오염은 결국 생태계 평형을 깨뜨리기도 한다는 점을 중점적으로 학습한다. 이를 통해 생태계 보전은 생물의 생존에 있어서 중요한 문제임을 인식하도록 한다.

해남천의 수질 측정하기(4~6차시)

> ★ 수질 측정기로 해남천의 수질 측정하기
> ★ 수질 측정 결과를 상류, 중류, 하류로 나누어 정리하기
> ★ 상류, 중류, 하류에 따라 보이는 특징 파악하고 정리하기

(학생기자)로서 (기사문 작성)을 위해 학생들이 실제로 지역 하천에 가서 수질 측정을 해보는 차시이다. 교사와 학생이 함께 상류에서 하류까지 쭉 걸어다니며 수질을 측정하고 결과를 정리하였다. 수질 측정과 같은 수치적 결과뿐만 아니라 상류, 중류, 하류에 따라 보이는 특징을 상세히 기록하도록 하였다. 살고 있는 생물에 관심을 보이는 학생, 냄새에 관심을 보이는 학생, 버려진 쓰레기에 관심을 보이는 학생 등 학생마다 관심이 달랐으며 이 모든 내용을 기록하고 정리하였다.

해남천의 생태계 보전을 주장하는 기사문 작성하기(7~9차시)

★ 기사문 작성법 학습하기
★ 생태계 보전을 주장하는 기사문 작성하기
★ 성찰일지 공유하기(알게 된 점, 잘한 점&아쉬웠던 점 등)

학생기자로서 기사문을 작성하기 위해 기사문 작성을 위한 방법을 학습한다. 생태계 보전을 주장하는 기사문을 작성한다. 모둠별로 수집했던 자료를 바탕으로 현재 상황 및 문제점, 생태계 보전의 필요성, 주장 등을 담아 기사문을 작성한다.

기사문 발표하기(10차시)

★ 모둠별로 작성한 기사문 발표하기
★ 학생 및 교사의 피드백을 바탕으로 기사문 수정하기

모둠별로 작성한 기사문을 발표하는 시간이다. 학생들은 다른 모둠에서 발표한 기사문을 살펴본 뒤 수정할 점을 이야기한다. 교사 또한 피드백을 제공한다. 모둠에서는 피드백을 바탕으로 최종적으로 기사문을 수정한다.

기사문 기고하기(11차시)

모둠별로 작성한 기사문을 지역신문, 광역신문 등에 기고하였다. 신문사와 연락하여 이메일로 기사를 기고하였다.

프로젝트학습 되돌아보기(12차시)

프로젝트학습의 마무리인 성찰단계에서는 학생들이 작성해 온 성찰일지 내용을 간단한 간식을 먹으면서 함께 공유하는 시간을 가졌다. 프로젝트학습을 통해 알게 된 점, 잘한 모둠원 칭찬, 스스로 잘한 점과 아쉬운 점 등을 서로 이야기하며 프로젝트학습을 마무리했다. 교사는 그동안 활동내용과 관찰했던 누가기록평가를 정리하여 잘한 점과 보완할 점에 대해 이야기했다. 학생 개개인에 대한 자세한 피드백은 활동 중간마다 실시되었기에 세부적인 내용보다는 전체적인 부분에서 주로 다루었다. 학생들이 알게 된 점으로 가장 많이 나온 의견은 생태계 보전의 필요성에 대해 제대로 알게 되었다는 점, 학생기자가 되어 언론사에 신문 내용을 제보할 수 있다는 것, 실제로 무엇인가를 해보니 뿌듯하다는 것이었다.

Step ③ 프로젝트학습 되돌아보기

학생들의 실제 생활과 가장 밀접한 관련이 있지만 강의식 수업으로 끝내는 생태계 학습에 대해 늘 아쉬움이 있었다. 프로젝트학습을 접목시켜 학생들이 실제로 생태계 보전을 위해 무엇인가를 해볼 수 있는 계기를 제공해서 다소 아쉬움이 덜어지기도 하였다. 생태계 보전은 학생도 충분히 할 수 있다는 점을 깨닫게 해주고 싶었다.

네 가지 프로젝트학습 목표인

① 생태계 구성요소와 서로 간의 영향 알아보기

② 지역 하천의 수질을 측정하고 결론 도출하기

③ 기사문 작성법을 이해하고 기사문 작성하기에 잘 도달되었다고 생각하며 이번 프로젝트학습을 통해 학생들이 생태계 보전에 더욱 관심을 갖고 적극적으로 참여하는 하나의 계기가 되었으면 한다.

5~6학년
프로젝트학습 사례
⑤

기르고! 만들고! 나누고!
(블렌디드 프로젝트학습)
5학년

Step ① 프로젝트학습 설계하기

주제선정 과정

점심시간에 아이들을 살펴보면서 다양한 음식을 즐기는 자세와 음식을 소중히 여기는 마음가짐이 부족함을 알게 되었다. 그러한 것을 깨달을 수 있는 경험이 부족하기 때문일 것이다. 따라서 내가 먹는 음식과 식재료가 어떤 과정을 거쳐 식탁까지 오르는지를 실제 배움의 기회를 통해 제공하고자 '나의 균형 잡힌 식생활' 단원의 배움 내용(배움 활동)과 성취기준을 바탕으로 2-2. '생활 속의 식물' 단원의 식물 가꾸기와 연계하여 〈기르고! 만들고! 나누고!〉라는 프로젝트학습을 편성하였다.

블렌디드 프로젝트?

블렌디드 러닝이란 배움 효과를 극대화하기 위해 온라인과 오프라인 교육, 다양한 학습 방법을 혼합하는 것을 의미한다.

개학 전 〈기르고! 만들고! 나누고!〉라는 프로젝트학습을 미리 계획하고 관련 환경을 조성하고 있었다. 하지만 코로나19 사태가 장기화되면서 비대면으로 수업을 진행해야 하는 한계에 부딪히게 되었다. 게다가 모둠활동을 지양하는 등의 지침이 내려와 프로젝트학습의 원래 방향과 목적을 수정해야만 했다. 온라인 학습과 오프라인 학습을 병행할 수 있는 블렌디드 프로젝트학습으로 기존 계획을 수정하였다. 온라인 개학 기간에는 쌍방향 온라인 수업을 통해 다른 친구들과 생각을 나누며 자신의 생각을 넓힐 수 있는 기회를 제공하고 등교 개학 이후에는 새롭게 갖게 된 생각을 실제 삶에 적용해보는 배움 활동을 실천하였다.

프로젝트학습 목표

① 작물을 기르는 과정 알아보고 텃밭에 작물 기르기

② 건강을 위한 균형 잡힌 식사의 필요성과 조건 알기

③ 영양을 고려하여 간식을 만들고 식생활 예절을 적용하여 다양한 식재료의 맛을 비교·분석하기

④ 만든 간식을 친구·가족과 나누어 즐기며 공동체 감수성 기르기

프로젝트질문

어떻게 하면 직접 기른 작물로 친구와 가족을 위한 건강한 음식을 만들어 나눌 수 있을까?

교육과정 분석

◎ 관련 성취기준
〔6실04-02〕생활 속 식물을 활용 목적에 따라 분류하고, 가꾸기 활동을 실행한다.
〔6실02-01〕건강을 위한 균형 잡힌 식사의 중요성과 조건을 알고 자신의 식사를 평가한다.
〔6실02-02〕성장기에 필요한 간식의 중요성을 이해하고 간식을 선택하거나 만들어
먹을 수 있으며 이때 식생활 예절을 적용한다.
〔6실02-04〕다양한 식재료의 맛을 비교ㆍ분석하여 올바른 식습관 형성에 적용한다.

◎ 관련 교과서 차시 목표(총 13차시)

단원(교과)	차시 학습 목표(배정차시 수)
2-2. 생활 속의 식물 (실과)	생활 속 식물을 활용 목적에 따라 분류하기(1)
	다양한 식물의 종류 말하기(1)
	내가 가꿀 식물에 적합한 환경 요소와 가꾸기 과정 조사하기(3)
5-1. 나의 균형 잡힌 식생활(실과)	식품구성 자전거를 활용하여 자신의 식사를 평가하고 올바른 식습관 형성하기(1)
	아동기 간식의 중요성 및 간식 선택 방법 알기(1)
	기본 조리 방법 이해하고 간식 만들어 먹기(4)
	오감으로 다양한 음식 재료 즐기기(1)
	지역 및 제철 식품을 사용한 친환경적인 식생활의 의미 알기(1)

▼

배워야 할 내용	- 텃밭의 작물 기르는 방법 알기 - 건강한 간식의 조건 알기 - 간식 조리를 위한 삶기, 찌기 등 기본 조리 방법 알기 - 식생활 예절 알기	산출물
실천해야 할 활동	- 텃밭의 작물 가꾸고 수확하기 - 영양소를 고려한 건강한 간식 선택하고 조리 방법 조사하기 - 기본 조리 방법 익히기 - 오감으로 간식 즐기며 사랑하는 사람과 간식 나누기	건강한 간식

환경 조성하기

① 3~4인 1조의 모둠 구성(산출물 제작은 개별 실시)

② 텃밭 조성하고 가꾸기 용품 준비하기

③ 간식 만들기 실습에 필요한 조리도구 준비하기

평가 계획

영역	평가 내용	평가 방법
성취 기준	• 텃밭 작물의 특징에 따라 가꾸기 활동을 실행하는가? • 기본 조리 방법을 이용하여 오감으로 즐길 수 있는 건강한 간식을 만드는가?	산출물 평가 관찰평가
핵심 역량	• 책임감을 가지고 자신의 역할을 수행하는가? • 프로젝트질문과 기준을 고려하여 건강한 간식을 만드는가?	자기평가 동료평가 관찰평가

프로젝트학습 흐름

주제	차시	배움 활동 내용	단계
기르고! 만들고! 나누고!	1	프로젝트학습 도입하기(원격)	도입
	2~3	작물의 특징 파악하며 가꾸는 과정 이해하기(원격)	탐구
	4~6	텃밭 관리하기(대면) 텃밭 작물 수확하기(대면)	
	7	균형 잡힌 식사의 의미와 중요성 알기(대면)	
	8	아동기 간식의 중요성 및 간식 선택 방법 알기(대면) 기본 식생활 예절 알아보기(대면)	
	9	오감으로 식재료 즐기기(대면)	
	10	삶기와 찌기 등의 기본 조리 방법 이해하기(대면) 건강한 간식 만들기 계획 세우기(대면)	
	11-12	건강한 간식 만들기(대면) 식생활 예절을 지키며 오감으로 간식 즐기기	공유
	13	프로젝트학습 평가 및 성찰	정리

Step ② 프로젝트학습 실천하기

프로젝트학습 도입하기(1차시)

★ 프로젝트학습 주제 이야기 나누기
- 내가 먹는 음식이 어떠한 과정으로 내 앞에 오는지 생각 갖고 나누기
- 내가 평상시 먹는 간식의 종류에 대해 이야기 나누기
★ 프로젝트학습 주제 확인하기
★ 프로젝트질문 확인하기
- 어떻게 하면 직접 기른 작물로 친구와 가족을 위한 건강한 음식을 만들어 나눌 수 있을까?
★ 프로젝트학습 활동 탐색하기
- 프로젝트질문에 대해 알고 있는 것에 대해 적고 이야기 나누기
- 프로젝트질문을 해결하기 위해 배워야 할 것, 실천해야 할 것,
  하고 싶은 것에 대해 생각 갖고 발표하기
- 배워야 할 것, 실천해야 할 것, 하고 싶은 것을 유목화하기
★ 프로젝트학습 활동 계획 세우기
  프로젝트질문을 해결하기 위해 어떤 활동을 하면 좋을까요?
★ 평가기준 확인하기

직접 대면할 수 없는 온라인수업이지만 화상수업을 통해 〈기르고! 만들고! 나누고!〉 프로젝트학습에 흥미를 가지고 참여할 수 있도록 반응을 이끌어내는 것이 중요하였다. 걱정이 많았다.

'관심이 없으면 어떡할까? 직접 만나지 않고 학생들의 흥미를 이끌어 낼 수 있을까?'

기우였다. 프로젝트 주제를 안내하고, 식물을 직접 기르고, 기른 식물로 음식을 만들어 나눈다는 안내만으로 학생들은 몰입하고 충분한 호기심을 가졌다. 내가 직접 텃밭에 작물을 기르고 수확하여 간식을 만들어 본다니! 심지어 그것을 내가 사랑하는 친구와 가족들에게 나누어 준다

니! 그것만큼 신나고 재미있는 배움이 어디 있을까? 별 안내를 하지도 않았지만 학생들의 질문이 쏟아졌다. 서로 질문하고 대답하는 흥분의 도가니 속에서 학생들을 진정시키고 프로젝트질문을 안내하였다. 프로젝트질문을 해결하기 위해 배워야 할 것, 실천해야 할 것들에 대해 생각을 나누고 프로젝트학습 활동 계획을 세웠다. 일반적인 프로젝트학습의 경우 모둠별 계획서 및 서약서를 작성하는 것이 보통이나 학생들을 직접 만나보지 않아 학생의 인지적 특성 등의 실태를 파악하기 어려워 개별적으로 계획을 세워보게 하였다. 그 후 프로젝트학습 평가기준을 함께 살펴보며 어떻게 실천해야 할지 알아보았다.

텃밭 작물 가꾸는 과정 탐색하기(2~3차시)

> ★ 작물을 기르기 위한 텃밭 준비하기
> ★ 시기를 고려한 작물 선정하고 기르는 방법 탐색하기

텃밭에서 식물을 가꾸는 것은 텃밭 꾸미기부터 시작된다. 흙을 고르는 경운 작업, 퇴비 뿌리기 등 텃밭 조성을 실천해보며 그 작업의 필요성을 이해해야 하나 학생들이 실습할 기회가 주어지지 않았다. 작물 가꾸기의 특성상 일정한 시기 안에 텃밭을 만들고 모종을 심거나 파종을 해야 하기 때문이다. 계속되는 등교 개학 연장에 작업을 더이상 미룰 수 없어 간접적으로나마 학생들에게 경험을 제공해주고 싶었다. 그래서 텃밭을 조성하는 전 과정을 교사가 직접 화상회의 프로그램을 통해 학생들에게 보여주며 질문을 받고 피드백을 해 주었다. 그 후 학생들의 의견을 바

탕으로 학교 환경을 고려한 텃밭 작물을 선정하고 그 작물을 기르는 방법을 학생들이 조사한 자료를 공유하며 함께 배우는 시간을 가졌다. 이를 위해 작물을 가꾸는 데 더 필요한 정보(순치기, 물주기, 잡초 뽑기 등)는 사진과 영상으로 배움자료를 만들어 활용하였다.

▶ 텃밭 조성하기

▶ 학생이 선택한
작물 심기

▲
온라인 학습 자료
(텃밭의 변화)

방울토마토

· 한해살이 식물
· 4월말~5월초에 모종을 심고
  6~9월에 수확
· 햇빛을 좋아함
· 열매가 잘 맺기 위해서는 영양
  분이 충분히 공급되어야 하고
  물순을 잘 따주어야 함
· 다이어트

▶ 작물의 사진을 보며
작물의 특성과 기르는 법
알아보기

텃밭 작물 가꾸기(4~6차시)

> ★ 작물 가꾸기(순지르기, 물주기, 곁순 따기, 잡초 뽑기 등)
> ★ 텃밭 작물 관찰일지 작성하기
> ★ 텃밭 작물 수확하고 나누기

텃밭에 작물이 자리를 잡아갈 무렵 등교 개학이 시작되었다. 학생들이 학교에 와서 가장 먼저 달려간 곳은 바로 텃밭이었다. 영상으로만 만나던 텃밭의 작물을 TV에 나오는 연예인 보듯 쳐다보는 학생들이 신기하기도 하고 귀엽기도 하였다. 순지르기, 곁순 따기, 물주기, 잡초 뽑기 등이 필요한 까닭과 방법을 배웠기에 간단히 안내한 후 역할을 분담하였다. 작물을 가꾸는 일은 장기간 이루어지기 때문에 맡은 역할에 대한 책임감이 중요함을 강조하였고 일어날 수 있는 안전사고 예방을 위한 안전수칙(긴팔 옷 입기, 장갑 착용하기 등)도 안내하였다.

학생들은 주어진 수업시간뿐만 아니라 점심시간, 하교 후에도 시간을 내어 꾸준히 텃밭을 관리하였다. 그 과정과 작물의 변화 모습을 관찰일지에 기록하였다. 나의 텃밭에서 내가 선택한 작물이 잘 자라도록 하기 위해 학생들은 책임감 있게 역할을 수행하였고, 그 결과물은 훌륭했다. 고추, 오이, 토마토, 호박을 훌륭히 길러낸 학생들은 작물을 꾸준히 수확하였고 수확한 작물의 활용방안에 대해 학년 토의를 진행하였다. 협의 결과 학교를 위해 고생하시는 환경미화 선생님, 시설 주무관님, 행정실 선생님들께 나눠드리기로 하였고 학생대표들이 직접 수확한 작물을 전달하며 감사함을 표하는 시간을 가졌다.

균형 잡힌 식사와 영양소 알아보기(7차시)

> ★ 균형 잡힌 식사의 의미와 중요성 알아보기
> ★ 영양소의 종류와 기능, 함유식품 알기

건강한 간식 만들기에 앞서 균형 잡힌 식사의 의미와 영양소의 종류에 대해 알아야 한다. 7일간 자신의 식사를 기록하고 분석하여 영양이 골고루 함유된 식습관이 필요하다는 것을 인식하는 시간을 가졌다.

올바른 간식 선택과 식생활 예절 알아보기(8차시)

> ★ 아동기 간식의 중요성 및 올바른 간식 선택 방법 알아보기
> ★ 기본 식생활 예절 알아보기

실태조사 결과 반 학생들 대부분이 간식으로 튀긴 음식을 섭취했다. 이 결과의 문제점을 언급하며 영양소가 균형 잡힌 간식이 필요한 까닭과 건강한 조리 방법인 삶기와 찌기에 대해 알아보았다. 아울러 타인을 존중하고 배려하는 식생활 예절에 대해 알아보고 만든 간식을 즐길 때 예절을 지키며 먹기로 약속하였다.

오감으로 식재료 즐기기(9차시)

이 프로젝트학습의 목표는 직접 가꾸고 수확한 작물을 활용하여 영양을 고려한 건강한 간식을 만들어 보는 활동을 통해 식재료의 소중함과 영양, 균형 잡힌 식사의 필요성을 알고 기초 식생활 관리 능력을 기르는

것이다. 창의성이란 지식이 기반되어야 발현된다. 실습 중심 배움 활동도 필요한 지식을 배우지 않으면 즐겁지만 깨달음이 없는 단순한 음식 만들기 실습이 되고 만다. 그렇기 때문에 영양을 고려한 건강한 간식을 만들기 위해 알아야 할 지식을 교과서를 바탕으로 배우는 시간을 가졌다. 또 각자 만들 간식에 활용할 수확물을 오감(맛, 향, 식감, 소리, 색)으로 즐기는 활동을 통해 맛과 영양뿐 아니라 다양한 감각을 고려해야 한다는 것을 인식하게 하였다.

건강한 간식 만들기 준비하기(10차시)

> ★ 삶기와 찌기 등 기본 조리 방법 알아보기
> ★ 건강한 간식 만들기 계획 세우기

프로젝트학습에서는 협업을 강조한다. 하지만 코로나19로 인한 감염 예방 지침에 따라 모둠협업활동을 지양해야 하는 한계에 부딪히게 되었다. 간식 만들기 실습 자체를 개별 활동으로 진행할 수밖에 없는 상황이었다.

교사의 고민이 한두 가지가 아니었다. 학생의 실태를 분석한 결과 조리 경험이 부족하거나 전무했다. 감염 예방을 위해 비가열조리 간식을 제시하여 공용 조리도구(냄비, 인덕션, 전자레인지) 사용을 최소화해야 한다. 칼, 도마 등 기초 조리도구만 활용하여 만들 수 있는 간식이어야 한다. 오감과 영양을 고려한 다양한 재료로 자신의 창의성을 발휘할 수 있는 간식을 안내해야 한다. 조리 경험이 많은 숙달된 학생들을 위한 간식도 안내해야 한다.

　오랜 고민 끝에 다음과 같은 결론에 이르렀다.

- 조리에 익숙하지 않은 학생들은 카나페 만들기를 통해 성공적인 조리 경험을 제공한다.
- 조리 경험이 풍부한 학생들은 샌드위치를 만들게 한다.
- 텃밭 수확물을 삶는 조리 과정을 이용한다.

　최대한 학생의 선택을 존중하고 협업 기회를 제공해야 하지만 특수한 상황이므로 간식 종류를 카나페와 샌드위치로 제한하여 제시하였다. 대신 사용되는 재료는 오감과 영양을 고려하여 재료를 선정하고 주어진 조건에 맞는다면 얼마든지 자신의 생각을 더하여 디자인할 수 있게 하였다. 또한 계획서에는 식재료 낭비를 막기 위해 꼭 필요한 양만 가져오도록 하였다. 협업으로 간식을 만들 수 없기 때문에 완성한 계획서를 친구들과 공유하며 보완할 점, 궁금한 점 등을 나누는 협업 시간을 가졌다.

건강한 간식 만들고 나누기(11~12차시)

> ★ 계획에 따라 건강한 간식 만들기
> ★ 식생활 예절을 지키며 친구들과 함께 오감으로 간식 즐기기
> ★ 가족에게 간식 만들어 나누기(과제)

　감염병 예방을 위한 기초 소독과 안전수칙을 안내한 후 텃밭 수확물(상추, 토마토, 오이고추)을 준비하고 달걀을 삶았다. 학생들은 계획에 따

라 달걀과 채소 버무려 속재료 만들기, 재료 쌓기 등 다양한 방법을 활용하여 총 4조각의 카나페 또는 샌드위치를 만들었다. 학생들은 각자 만든 간식의 재료와 중요하게 고려한 점 등에 대하여 모둠 친구들에게 발표하였다. 한 조각은 자신이 맛보고 나머지 세 조각은 친구들과 함께 즐기는 시간을 가졌다. 간식을 즐긴 후 서로 칭찬할 점에 대하여 이야기를 나누었다. 이때 단순한 맛 표현보다는 오감을 활용하여 구체적으로 이야기를 나누도록 하였다.

  학생들은 실습에서 배운 내용을 바탕으로 가족들에게 대접하는 과제를 수행하였다. 아쉬운 점을 보완하여 새롭게 건강한 간식을 만드는 학생들도 있었고 새로운 간식을 만들어 대접하는 학생들도 있었다. 가족들에게 건강한 간식을 대접한 후 느낀 점에 대해 공유하는 시간을 가졌다.

◀
간식 만들기
활동 모습

◀
완성된
작품

프로젝트학습 및 성찰(13차시)

> ★ 성찰일지 작성하기
> ★ 성찰일지 공유하기(알게 된 점, 잘한 점&아쉬웠던 점 등)

프로젝트학습을 하면서 알게 된 점, 아쉬웠던 점 등을 작성하여 공유하였다. 많은 학생이 처음부터 텃밭을 관리하지 못한 점을 아쉬워하였다. 또 인스턴트 간식보다 건강한 간식을 먹겠다는 학생들도 있었다. 가장 의미 있었던 성찰은 내가 먹는 음식과 식재료의 소중함과 조리를 해주는 부모님과 조리사 선생님들께 감사함을 느끼게 되었다는 것이다. 땀 흘리고 벌레에 물리며 텃밭을 관리하고 서툰 솜씨로 재료를 손질하며 소중한 친구와 가족들과 나누는 과정을 통해 이러한 성찰을 하게 되었다고 생각한다.

Step ③ 프로젝트학습 되돌아보기

직접 기르고 만들며 결과물 나눔을 통해 다양한 음식을 즐기는 자세와 음식을 소중히 여기는 마음가짐을 길러주고 싶었다. 코로나19로 너무 많은 제약이 있었기에 많은 고민과 수정이 필요했다. 이러한 장기 프로젝트학습은 교사의 준비와 의지가 프로젝트학습의 질을 결정하기에 교사의 많은 노력이 요구된다. 고되고 역경도 많았지만 그만큼 보람이 있었다. 3달간 진행된 프로젝트학습으로 학생들은 교과서로 분절적으로 배우는 간접 경험이 아닌 자신의 삶과 배움이 이어지는 살아있는 경험을 하게 되었다. 이러한 경험과 성찰이 학생들의 또 다른 발전과 변화로 이어지길 고대한다.

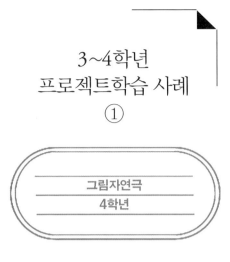

3~4학년
프로젝트학습 사례
①

그림자연극

4학년

Step ① 프로젝트학습 준비하기

주제선정 과정

4학년 학생들과 수련활동을 갔을 때 레크레이션 시간에 마술사가 나와서 여러 가지 마술을 학생들에게 보여주었다. 어렸을 적 나를 생각하면서 학생들이 마술을 신기해하고 재미있어할 줄 알았는데 마술사가 안쓰럽게 느껴질 만큼 학생들은 마술에 별다른 관심을 보이지 않았다. 레크레이션 시간을 마무리하며 마술사가 불을 끄고 라이온킹 OST에 맞춰 다양한 그림자를 활용한 공연을 보여주었다. 음악에 맞춰 다양하게 변하는 그림자를 보며 학생들은 환호성을 지르며 즐거워했다. 그 모습을 보고 난 뒤 그림자와 관련된 내용을 프로젝트학습에 활용하면 좋겠다는 생각을 하게 되었다.

빛과 그림자는 우리 주변에서 쉽게 볼 수 있지만 쉽게 볼 수 있는 만큼 관심을 갖지는 않는다. 4학년 2학기 과학 3단원 거울과 그림자에서 빛과 그림자에 관하여 배우는데 대부분 과학 이론 수업을 한 뒤 손전등을 물체에 비춰보는 실험을 하고 마무리를 한다. 여기서 그치지 않고 학생의 흥미와 관심을 반영하고 의미 있는 배움을 만들고자 과학, 미술, 국어, 자율 시간을 활용하여 그림자연극 프로젝트학습을 하게 되었다.

프로젝트학습 목표

① 그림자가 생기는 원리 알기
② 그림자의 크기를 변화시키는 방법 알기
③ 빛의 특성을 활용한 작품을 계획하고 표현하기
④ 자신의 글을 적극적으로 나누는 태도 갖기

프로젝트질문

연극 연출가로서 (누구?)에게 그림자연극을 어떻게 할 수 있을까?

교육과정 분석

◎ 관련 성취기준

〔4과15-01〕 여러 가지 물체의 그림자를 관찰하여 그림자가 생기는 원리를 설명할 수 있다.

〔4과15-02〕 전등과 물체 사이의 거리에 따른 그림자의 크기 변화를 관찰하여 서술할 수 있다.

〔4국03-05〕 쓰기에 자신감을 갖고 자신의 글을 적극적으로 나누는 태도를 지닌다.

〔4미02-04〕 표현 방법과 과정에 관심을 가지고 계획할 수 있다.

◎ 관련 교과서 차시 목표(총 15차시)

교과	단원	차시 학습 목표	차시
과학	3. 그림자와 거울	재미있는 동물 그림자	1
		그림자가 생기는 조건은 무엇일까요?	1
		불투명한 물체와 투명한 물체의 그림자는 어떻게 다를까요?	1
		물체 모양과 그림자 모양이 비슷한 까닭은 무엇일까요?	1
		그림자의 크기를 변화시키려면 어떻게 해야 할까요?	1
국어	4. 이야기 속 세상	이야기를 꾸며 책을 만들 수 있다.	2
미술 (동아)	9. 빛나는 마술	빛을 활용한 그림자연극 계획하고 공연하기	3
		빛을 활용한 작품 감상하고 특징 이야기하기	1
창체	학급 특색교육	프로젝트학습	4

▼

배워야 할 내용	- 그림자가 생기는 원리 알기 - 그림자의 크기를 변화시키는 방법 알기	산출물
실천해야 할 활동	- 빛의 특성을 활용한 작품 계획하고 표현하기 - 작품 발표하고 감상하며 이야기 나누기	그림자연극

환경 조성하기

① 의도적인 6인 모둠 구성(관심 분야에 따른 이질적 모둠 구성)

② 기본 재료로 A4용지(160g~180g), 8절 도화지, OHP 필름은 교사가
제공하였고, 더 필요한 재료는 모둠에서 준비하도록 지도

③ 학생과 교사가 함께 형성한 프로젝트질문과 프로젝트학습 활동 계
획을 교실에 게시

평가 계획

영역	평가 내용	평가 방법
성취 기준	• 그림자가 생기는 원리를 빛의 직진과 관련지어 설명할 수 있는가? • 전등과 물체 사이의 거리에 따른 그림자의 크기 변화를 설명할 수 있는가? • 빛의 특성을 활용한 작품을 계획하여 창의적으로 표현하는가?	산출물 평가 서술형 평가 관찰평가
핵심 역량	• (의사소통 역량) 글쓰기에 자신감을 갖고 자신의 글을 적극적으로 나누는가? • (자기이해 역량) 프로젝트질문을 해결하기 위해 모둠에서 맡은 역할을 책임감 있게 수행하는가? • (공동체 역량) 문제를 해결하기 위해 다른 팀원들을 존중하며 협력하여 활동하는가?	자기평가 동료평가 관찰평가

프로젝트학습 배움 활동 흐름

주제	차시	배움 활동 내용	단계
그림자 연극	1~2	프로젝트학습 도입 및 계획하기	도입
	3	그림자가 생기는 조건 알아보기	탐구
	4	불투명한 물체와 투명한 물체의 그림자 비교하기	
	5	물체 모양과 그림자 모양이 비슷한 까닭 알아보기	
	6	그림자의 크기 변화시키기	
	7~8	이야기 꾸미기 및 피드백	
	9~11	그림자연극 만들기	
	12	중간발표 및 피드백	공유
	13~14	수정 및 최종발표	
	15	프로젝트학습 성찰	성찰

Step ② 프로젝트학습 실천하기

도입: 프로젝트학습 도입 및 계획하기(1~2차시)

★ 그림자를 본 경험 이야기하기

★ 다양한 그림자 만들기

★ 프로젝트 주제 관련 동기 유발 영상보기

  - 그림자연극(유튜브 영상)

★ 프로젝트질문 확인하기

★ 프로젝트학습 활동 탐색하기

  - 프로젝트질문에 대해 알고 있는 것에 대해 적고 이야기 나누기

  - 프로젝트질문을 해결하기 위해 배워야 할 것, 실천해야 할 것, 하고 싶은 것 적기

  - 개인별 탐색 내용을 모둠별로 유목화하기

★ 프로젝트학습 활동 계획 세우기

★ 프로젝트학습 계획서 및 계약서 작성하기

★ 평가기준 확인하기

도입단계에서는 프로젝트학습 시작을 위한 동기를 유발하고 프로젝트학습 계획을 학생들과 함께 구성했다. 처음에는 학생들이 그림자를 보았던 경험을 이야기해보고 OHP 필름과 손을 활용하여 그림자를 만들어보는 활동을 했다. 이 활동을 통하여 학생들이 빛과 그림자에 관심을 갖고 프로젝트학습에 참여할 수 있는 발판을 만들었다. 유튜브에서 그림자연극과 관련된 영상을 몇 가지 보면서 그림자연극에 대한 관심과 흥미를 유발했다.

도입단계에서 프로젝트질문을 학생들과 함께 정하는 것이 중요하다. 프로젝트질문을 바탕으로 배움 활동, 배움 순서가 정해지기 때문이다. 4

학년 학생들은 프로젝트학습에 대한 경험이 많지 않다. 또한 중학년에 속해 스스로 프로젝트질문을 구성하기에는 벅찰 수도 있다고 생각했다. 그리하여 프로젝트질문 작성에 대한 부담감과 난이도가 낮은 '기본 틀 제시형'으로 프로젝트질문을 구성하도록 했다.

> (역할)로서 (누구)에게 그림자연극을 어떻게 할 수 있을까?

학생들은 프로젝트질문의 형태를 보고 교사와 함께 네 부분으로 나누어 프로젝트학습을 계획했다. 첫 번째는 역할, 두 번째는 대상, 세 번째는 그림자연극을 하기 위하여 학습할 것, 네 번째는 산출물 발표 형태였다. 이 중에서 첫 번째부터 세 번째까지는 교사와 학생이 함께 정했고, 네 번째 산출물 발표 형태는 모둠원끼리 정하도록 했다. 학생들과 함께 이야기해 본 결과 아래와 같이 프로젝트질문, 배움 활동, 배움 순서가 결정되었다.

◀
OHP 필름을 활용한
동물 그리기

◀
손을 활용하여
그림자 만들기

> 연극 연출가로서 돌봄교실 학생들(1,2학년)에게 그림자연극을 어
> 떻게 할 수 있을까?

1. 그림자에 대하여 배우기(과학)

2. 그림자연극 이야기 만들기(국어)

3. 그림자연극 꾸미기(미술)

4. 그림자연극 발표하기(창체-자율)

마지막으로 모둠끼리 그림자연극 산출물을 어떻게 만들고 발표할지 토의하도록 했고, 모둠별 프로젝트학습 계획서를 작성하면서 모둠 내에서 역할 분담을 하고 성실히 프로젝트학습에 참여할 것을 다짐하는 계약서를 썼다.

탐구: 프로젝트질문 탐구하기(3~11차시)

> ★ 그림자가 생기는 조건 알아보기
> ★ 불투명한 물체와 투명한 물체의 그림자 비교하기
> ★ 물체 모양과 그림자 모양이 비슷한 까닭 알아보기
> ★ 그림자의 크기 변화시키기
> ★ 그림자연극 이야기 꾸미기 및 피드백
> ★ 그림자연극 만들기

탐구단계에서는 먼저 그림자연극을 위한 준비를 했다. 그림자연극을 하기 위해서는 그림자에 대해서 알아야 했고, 연극을 하기 위한 이야기

를 구성해야 했다.

그림자에 대해서 알기 위하여 과학 시간에 그림자가 생기는 조건, 불투명한 물체와 투명한 물체의 그림자 비교, 물체 모양과 그림자 모양이 비슷한 까닭, 그림자의 크기 변화시키기를 배웠다. 이를 바탕으로 그림자연극을 꾸밀 수 있기 때문이었다.

그런 다음 국어 시간에 그림자연극의 이야기를 만들었다. 새로운 이야기를 꾸미는 것도 좋지만 원래 있는 이야기를 바꾸어 만들 수도 있다고 알려주어 그림자연극 이야기를 만드는 데 어려움을 느끼지 않고 잘 만들었다. 중요한 것은 교사의 피드백이었다. 학생들이 이야기를 만들 때 인과관계가 전혀 없이 재미 위주로 이야기를 만드는 경향이 강하기 때문이다. 또한 학생들이 좋아하는 게임이나 유튜브에서 유행하는 크리에이터 흉내를 내는 경우도 많았다. 그러므로 여기에서는 교사가 적극적으로 피드백을 하여 그림자연극을 관람할 대상이 돌봄교실 학생들(1,2학년)임을 생각하고 인과관계가 있는 이야기를 꾸미도록 했다.

◀ 그림자연극 이야기 꾸미기

▶
그림자연극 이야기 소품 만들기

이제 그림자의 원리를 학습하고 이야기가 완성되었다. 다음으로 미술 시간을 활용하여 그림자연극을 위한 소품을 만들고 무대를 꾸몄다. 학생들이 하나하나의 소품보다는 과학 시간에 배웠던 그림자가 만들어지는 원리, 그림자의 크기 변화를 잘 생각하며 무대를 꾸밀 수 있도록 지도하고 피드백을 제공했다.

공유: 산출물 공유하기(12~14차시)

★ 중간발표 및 피드백
★ 수정 및 최종발표

탐구단계가 끝나고 학생들에게 중간발표를 하도록 했다. 중간발표는 말 그대로 현재까지의 진행 상황을 확인하고 남은 시간 동안 그림자연극을 수정·보완하여 최종발표를 준비하기 위함이다. 교사와 학생들은 모둠별 중간발표를 보며 다른 모둠의 보완할 점을 알려주었다. 중간발표에서는 긴장감이 적어 학생들이 장난식으로 하는 경우가 있었는데 교사는 최종발표 전 완성도 있는 무대를 만들 수 있는 마지막 기회라는 것을 학생들에게 인지시키고 부족한 부분을 파악하여 그림자연극을 수정·보완할 수 있도록 했다.

돌봄교실 학생들을 초대하여 모둠별로 그림자연극을 했다. 4개 모둠 중에서 3개 모둠은 직접 연극을 선택했고, 1개 모둠은 영상을 찍어 보여주었다. 돌봄교실 학생들과 우리 반 학생들에게 평가할 수 있는 스티커를 나누어 주었고, 최종발표 후에 그림자의 효과, 이야기의 흥미 등을 반영한 그림자연극에 대한 평가를 스티커로 붙일 수 있도록 안내하였다.

◀
중간발표 및
피드백

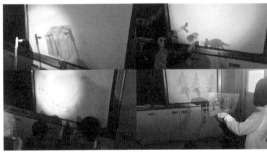

◀
그림자연극
최종 발표

성찰: 프로젝트학습 성찰하기 (15차시)

성찰 단계에서는 프로젝트학습 전반에 대한 이야기를 나누었다. 프로젝트학습을 하며 느낀 점, 아쉬운 점, 좋았던 점 등을 성찰일지에 적고 발표했다.

Step ③ 프로젝트학습 되돌아보기

▲
성찰일지

그림자연극 프로젝트학습은 전반적으로 교사와 학생 모두 즐거운 학습이었다. 모둠별로 그림자가 생기는 조건 및 그림자 크기를 바꿀 수 있는 과학적 지식을 익히고 이야기를 만들고, 만든 이야기에 맞게 소품을 만들어 그림자연극을 하는 역량을 발휘하였다. 다소 아쉬웠던 점이 몇 가지 있었다.

첫 번째로 그림자연극을 만든 소품이 다양하지 못했다. 동기 유발할 때 OHP 필름으로 동물 만들기를 했었는데 OHP 필름에 색을 칠한 후 빛을 비추니 스크린에 여러 가지 색으로 그림자가 만들어지는 것을 경험하고는 연극 소품을 만들 때 거의 모든 모둠이 OHP 필름만 활용하였다.

다양한 방법을 활용한 그림자연극이 나올 수 있도록 여러 개 영상을 보여주었지만 학생들은 다른 것을 생각하지 못하는 듯했다. 교사가 피드백을 해 주었지만 색감 있는 그림자를 쉽사리 포기하지 못했다. 실제 이 프로젝트학습을 운영해보고자 하는 교사는 처음부터 OHP 필름을 제공하지 말고, 모둠별로 생각한 다양한 재료와 방법을 활용하도록 유도하는 것도 좋을 듯하다.

두 번째로 무임승차하는 학생들을 효과적으로 지도하지 못했다. 대부분의 학생들이 모든 과정에 잘 참여하였지만 불만의 화살을 맞는 학생이 몇 명 있었다. 한 모둠의 어떤 학생이 참여를 전혀 하지 않아서 모둠 구성원들이 처음부터 끝까지 불만을 토로했다. 처음에는 무임승차 학생이 발생했을 때 모둠 내에서 해결하는 것이 좋다고 생각하여 모둠 내에서 역할 분담을 다시 해보라고 말했다. 하지만 불만이 계속되니 참여하지 않는 학생을 불러서 모둠 계약서를 보여주며 역할에 최선을 다해야 모둠이 불이익을 받지 않는다고 설명하고 참여를 독려했다. 모둠원들을 달래고, 참여하지 않는 학생도 달래며 겨우 마지막 발표까지 끝냈다. 무임승차를 하는 학생의 참여 정도를 얼마만큼 올릴 수 있을 것인지를 교사가 잘 생각하고 학생의 성향에 맞게 할 수 있는 역할을 제시해주어야 할 것이다.

3~4학년
프로젝트학습 사례
②

> The 살기 좋은
> 마을을 위해 노력하는 사람들
> 4학년

Step ① 프로젝트학습 설계하기

주제선정 과정

3~4학년 쓰기 성취기준 중 '쓰기(3) 관심 있는 주제에 대해 자신의 의견이 드러나게 글을 쓴다'는 자신의 의견을 타인에게 적절하게 표현하는 쓰기 능력을 요구한다. 4학년 1학기 8단원 '이런 제안 어때요'에서는 제안하는 글에 대해 배운다. 교과서에 예시로 나온 문제 상황과 제안이 요구되는 상황은 대부분 학생들이 겪을 만한 일상생활 속의 소재들이다. 그러나 전국의 수많은 학교의 상황이 다르다 보니 교과서에 나온 예시를 학

생들이 흥미를 가지고 글감으로 사용하기에 적합하지 않은 경우가 있다.

이때 학생들이 이미 몰입하고 있는 다른 교과의 실제 상황과 통합하여 지도하면 학생들이 문제 상황에 대해 충분히 이해하고 적극적으로 글쓰기에 참여하게 된다.

일상생활의 문제를 다루며 학생들의 의견을 반영하여 운영할 수 있는 교과는 사회이다. 특히 4학년은 우리 지역사회를 중심으로 학습하고 교과서가 프로젝트학습의 방향으로 전개되어 있어 국어과와 통합한 프로젝트학습으로 접근하기가 손쉬울 것이다.

마을의 문제를 직접 해결하기 위해 공공기관에 제안하는 글을 쓰는 활동을 통해 제안하는 글쓰기 능력을 신장시키고 주민 참여의식을 높여 민주시민의 기틀을 마련하고자 한다.

프로젝트학습 목표

① 우리 지역의 문제를 조사하여 해결방법 찾기
② 공공기관에 제안하는 글쓰기
③ 지역사회에 적극적으로 참여하는 주민 참여 태도 기르기

프로젝트질문

우리 마을의 주민으로서 더 살기 좋은 마을을 만들기 위해 공공기관에 무엇을 어떻게 제안할 수 있을까?

교육과정 분석

◎ 관련 성취기준

〔4국03-03〕관심 있는 주제에 대해 자신의 의견이 드러나게 글을 쓴다.

〔4사03-05〕우리 지역에 있는 공공기관의 종류와 역할을 조사하고,
공공기관이 지역주민의 생활에 주는 도움을 탐색한다.

〔4사03-06〕주민 참여를 통해 지역 문제를 해결하는 방안을 살펴보고,
지역 문제 해결에 참여하는 태도를 기른다.

◎ 관련 교과서 차시 목표(총 18차시)

교과	단원	차시 학습 목표	차시
국어	8. 이런 제안 어때요	제안하는 글에 대해 안다	1
		문장의 짜임에 대해 안다	2
		제안하는 글을 쓰는 방법을 안다	2
		제안하는 글을 쓰고 발표할 수 있다	2
사회	3. 지역의 공공기관과 주민 참여	공공기관이 무엇인지 알아보기	2
		공공기관의 종류와 역할 알아보기	2
		우리 지역의 문제 알아보기	1
		지역 문제 해결해보기	2
		주민 참여의 중요성과 방법을 사례를 통해 알아보기	2
		주민참여의 바람직한 태도 알아보기	1
계			17

▼

배워야 할 내용	- 공공기관의 종류와 역할 - 제안하는 글 쓰는 방법	산출물
실천해야 할 활동	- 우리 마을의 문제점과 해결방안 찾기 - 제안하는 글쓰기 - 우리 마을 문제 해결하기	제안하는 글

환경 조성하기

① 4인 1조의 모둠 구성

② 학급 환경판에 모둠별 프로젝트 현황 보드 마련

③ 사전에 공공기관과 학부모에게 협조 연락 조치

평가 계획

영역	평가 내용	평가 방법
성취 기준	• 공공기관에 제안하는 글을 의견과 까닭이 드러나게 썼는가? • 공공기관의 종류와 역할을 바르게 이해하고 있는가? • 지역이 문제 해결에 참여하는 태도를 가지는가?	서술 지필 관찰
핵심 역량	• 정해진 역할을 책임감 있게 해결하려고 노력하는가?(자기관리 역량) • 문제 해결을 위해 모둠원과 협력하는가?(공동체 역량) • 문제 해결을 위한 자료를 정확히 수집하고 처리하는가?(지식정보 처리 역량)	관찰 관찰 산출물

프로젝트학습 배움활동 흐름

주제	차시	배움활동 내용	단계
The 살기 좋은 마을을 위해 노력한 사람들	1~2	프로젝트학습 도입 및 계획 세우기	도입
	3~5	공공기관에 대해 알아보기(의미, 종류, 역할)	탐구
	6~7 (6)	우리 마을의 문제점 찾기 (진행 중 학생활동 속도와 깊이에 따라 수정)	
	8~10 (7~10)	우리 마을 문제 해결 방안 마련하기 (진행 중 학생활동 속도와 깊이에 따라 수정)	
	11~12	제안하는 글 쓰는 법 알기	
	13~14	우리 마을의 문제 해결을 위해 공공기관에 제안하는 글쓰기(1인)- 중간발표 및 수정	
	15	공공기관에 제안하고 답변 받기	공유
	16~17	프로젝트학습 평가와 성찰하기	정리

Step ② 프로젝트학습 실천하기

프로젝트학습 도입 및 계획 세우기(1~2차시)

★ 프로젝트학습 도입하기
 - 다른 학교 학생들의 문제 해결 사례 뉴스 살펴보기
★ 프로젝트질문 파악하기
 - 우리 마을의 주민으로서 더 살기 좋은 00면을 만들기 위해
   공공기관에 무엇을 제안할 수 있을까?
★ 질문 목록 만들기
 - 프로젝트질문을 해결하기 위해 알고 있는 것과 알고 싶은 내용 적기(자포스트잇)
 - 분류한 내용을 공유하기(모둠 → 전체)
 - 질문 목록 정리하기
★ 프로젝트학습 계획서 작성하기
 - 모둠, 학급에서 나온 내용을 바탕으로 프로젝트학습 계획서 작성하기
★ 프로젝트학습 활동 계획 세우기
★ 평가 기준 확인하기
◎ 평가 내용: 정해진 역할을 책임감 있게 해결하려고 노력하였는가?

이 프로젝트와 비슷한 프로젝트학습은 이미 4학년 선생님들 사이에서 많이 시도하고 있는 주제로 자료를 많이 찾아볼 수 있다. 따라서 학생들이 직접 문제를 해결한 사례를 뉴스 기사로도 쉽게 찾아볼 수 있었다. 도입은 인접 지역 학생들이 문제를 해결한 뉴스 사례를 함께 보며 시작하였다.

학생들은 또래 학생들이 사소하더라도 지역 문제를 해결했다는 사실에 감탄하면서 해보고 싶다는 도전의식을 드러냈다. 이런 반응이라면 이 프로젝트는 이미 반은 성공한 것이리라. 하지만 프로젝트학습이란 학생들의 의욕만으로 해결되지 않는다. 학생들이 머릿속에서 우리가 해야 할 일이 무엇인지, 배워야 할 것이 무엇인지 정리하는 시간이 필요했다. 교

사가 설계한 프로젝트질문에 '공공기관'이라는 새로운 학습용어가 포함되어 있었고 4학년 학생들을 대상으로 한다는 점을 감안하여 프로젝트질문을 먼저 제시하고 그 질문을 분석해보며 학생들이 배워야 할 것, 해야 할 것을 떠올려 보도록 하였다.

칠판에 쓰여 있는 프로젝트질문을 읽고 낱말의 의미를 곱씹어 보도록 하였다. "우리 마을의 주민으로서 더 살기 좋은 마을을 만들기 위해 공공기관에 무엇을 제안할 수 있을까?"이 질문을 보며 학생들이 프로젝트학습의 방향을 구체화할 수 있도록 생각할 거리를 제시했다. 우리 마을의 범위는 어디까지로 할까? 더 살기 좋으려면 무엇이 달라져야 할까? 공공기관은 무엇일까?

이 활동 후에는 학생들의 질문 목록을 만들었다. 프로젝트질문에 대한 추가 질문을 만들기 위해서 KWL차트 기법을 이용하여 학생들이 이미 알고 있는 것, 더 알고 싶거나 해보고 싶은 것을 포스트잇에 적은 후 모둠끼리 공유한다. 1차 정리한 후 전체를 모아 알고 싶거나 알아야 할

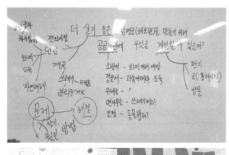

◀ 학생들과 주제 살피기

◀ 모둠별 KWL차트

것들을 중심으로 학생들의 의견을 종합하였다.

사실 이 단계에서 교사의 의도대로 학생들의 생각을 형성해 주기가 쉬운 일은 아니다. 프로젝트질문을 안내하고 학습 방향을 잡아주면서 공공기관에 대해 이야기 나눈 시간이 길다 보니 대부분 공공기관에 대해 궁금한 점을 많이 제시했으며 공공기관과 편의시설을 제대로 구분하지 못했다. 이 점은 오히려 공공기관에 대해 학생들이 탐구할 때 깊이 있는 학습을 할 요소가 되므로 미리 분류하여 알려주지는 않았다. 교사가 프로젝트학습을 설계한 입장에서 꼭 필요하다고 여긴 질문은 지역의 문제와 해결방안에 대한 것이었으나 이에 대한 학생들의 생각이 다양하게 나오지 않아 아쉬웠다. 하지만 교사가 설계한 의도 중 꼭 반영되어야 하는 배움 활동이 있어 학생들과 대화하며 제안하는 글 쓰는 법과 지역의 문제점 찾기, 해결방안 찾기를 이끌어냈다.

함께 프로젝트질문을 분석하고 배워야 할 것, 해야 할 것들을 공유하니 학생들이 프로젝트 계획 세우기를 수월하게 해냈다.

공공기관에 대해 알아보기(3~5차시)

> ★ 우리 지역을 위해 일하는 곳 알아보기(공공기관)

이 단계에서는 공공기관의 종류와 하는 일을 파악하고 공공기관이 우리에게 어떤 도움을 주는지 조사를 통해 알아보게 하였다. 공공기관이 하는 일을 알고 있어야 문제를 해결해 줄 수 있는 기관을 쉽게 떠올릴 수 있을 것이기에 공공기관 알아보기를 가장 먼저 하는 활동으로 정하였다.

먼저 인터넷 지도를 활용하여 학교 주변의 공공기관을 함께 찾아보았다. 공공기관의 조건(여러 사람에게 이익을 주는 일을 하며 국가가 세우고 관리)에 부합하는지 여부를 따져 공공기관이 아닌 것을 구별하며 공공기관을 찾아보았다.

면단위 학교라서 학교 주변에서 찾을 수 있는 공공기관은 면사무소, 119지구대, 파출소, 복지센터, 보건지소, 학교 정도여서 군청소재지 주변, 도청소재지 주변 공공기관을 찾는 활동까지 확대하였다.

이렇게 찾은 공공기관을 비슷한 것끼리 묶어 모둠별로 하는 일과 우리에게 주는 도움을 조사하였다. 이 활동은 학생들의 정보 수집 및 처리 능력을 길러줄 아주 좋은 활동이었다. 학생들은 조사 활동이라 하면 항상 인터넷 조사부터 떠올린다. 그리고 수업 시간에 태블릿을 활용해 인터넷을 할 수 있다는 것에 흥미를 갖는다. 하지만 학생들에게 맡겨만 두는 것은 매우 비효율적이다. 어디에서부터 무엇을 어떻게 조사해야 하는지 모르기 때문이다. 사실 인터넷 자료에서 학생들이 필요한 정보만 가공하여 처리하기란 쉬운 일이 아니다. 그래서 학생들이 참고할 사이트도 알려주고 그것이 어려운 학생들은 최대한 교과서 내용을 참고하여 조사하도록 하였다. 특히 4학년은 국정교과서 외에 지역에서 만든 지역교과서도 있어 함께 사용하면 좋은 자료가 되었다.

학생들이 활동 시간을 효율적으로 활용할 수 있도록 기본 틀이 있는 학습지를 제공하여 활용하였으며 조사 결과는 간략한 발표로 공유하여 공공기관의 필요성과 역할에 대해 알아보았다.

우리 마을의 문제점 찾기(6차시)

★ 우리 지역의 문제 토의하기
★ 우리 지역의 문제 정리하기

더 살기 좋으려면 지역의 문제가 해결되어야 한다는 관점으로 출발했기에 우리 마을의 문제를 찾는 활동을 시작하였다.

학생들이 평소 지역문제에 관해 생각해 본 적이 적을 것이라 생각하여 개인적으로 불편한 점을 떠올리거나 부모님과 이야기해보고 오는 과제를 사전에 제시했었다. 수업시간에는 그 과제를 바탕으로 모둠별로 토의를 실시했다.

학생들은 죽어 있는 동물이 많이 보인다, 학교 앞 신호등 대기시간이 길다, 사거리에 신호등이 없어 불편하다, 불법주차가 심하다, 버스정류장에서 버스가 오는지 보이지 않는다 등 실생활과 밀접한 문제들을 쉽게 찾아냈다. 일사천리로 토의를 마치고 학생들이 해결하고 싶은 지역문제를 정하고 나자 처음 계획한 것보다 시간이 남아서 다음 활동에 시간을 더 할애하기로 했다. 처음 계획과 다르게 우리 마을의 문제점 찾기를 1시간에 마치고 우리 마을 문제 해결 방안 마련하기를 1시간 늘려 4시간 동안 진행하게 되었다.

배움 활동	계획 시간	실제 운영 시간
우리 마을의 문제점 찾기	6~7차시 2시간	6차시 1시간
우리 마을 문제 해결 방안 마련하기	8~10차시 3시간	7~10차시 4시간

우리 마을 문제 해결 방안 마련하기(8~10차시)

★ 우리 지역의 문제를 더 깊이 이해하기
 - 설문조사 질문 만들기
 - 온라인 설문지 만들어 설문조사 하기
 - 결과 정리하기
 - 결과 발표하기
★ 우리 지역의 문제 해결방안 장단점 토의하기

학생들은 지역의 문제는 쉽게 찾아낸 반면 문제 해결방안을 생각하는 데는 어려움을 느꼈다. 교사는 어떻게 하면 학생들이 좀 더 깊은 탐구를 통해 지역문제 해결방안을 찾을 수 있을까 고민하다 활동을 하나 더 추가하는 것을 제안했다. 학생들의 학습 기능을 신장시키고 깊이 있는 탐구를 촉진시키기 위해 인터넷 설문조사나 면담을 통해 지역문제에 대한 원인과 지역주민들의 반응을 조사하는 활동을 학생들에게 제안하였다. 학생들은 매우 긍정적인 반응을 보였다. 의욕적인 학생들은 면담과 설문을 병행하고 싶어하기도 하였다. 그러나 대부분의 모둠이 설문 방법으로 하려고 하자 면담을 하려고 했던 모둠도 설문 활동을 하였다.

학생들에게 먼저 예시 설문지를 주어 질문 만들기부터 하였다. 질문이 완성되자 인터넷 설문을 만드는 방법을 알려주었다. 학생들은 10~20분 내외로 금방 질문지를 만들어냈다. 학교 단체 문자를 활용해 학부모에게 설문 참여를 유도하였다.

설문 결과를 분석할 때에는 응답 결과를 인쇄하여 나누어 주고 그래프 등을 활용하여 설문 결과를 분석, 정리하도록 하였다.

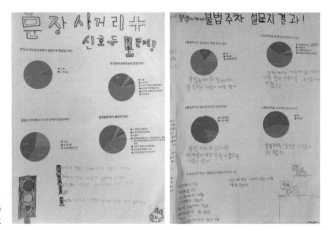

▶
학생의 설문결과
분석 자료

설문 활동을 마치고 문제의 원인과 주민들의 생각에 대해 더 잘 알게
된 학생들은 해결 방법을 여러 가지 떠올릴 수 있게 되었다. 여러 해결방
안 중 가장 좋은 해결방안을 고를 수 있도록 모둠토의를 통해 각 해결방
안의 장점과 단점, 실현 가능성 등을 따져보아 최선의 것을 찾아보게 하
였다. 이때 학생들이 토의할 내용이 적힌 학습지는 토의를 원활히 하는
데 도움이 되었다.

제안하는 글 쓰는 법 알기(11~12차시)

★ 제안하는 글에 들어갈 내용 알기
★ 제안하는 글 쓰는 법 알기

이제는 해결방안을 공공기관에서 실행해주기를 제안하는 글을 쓸 차
례다. 학생들은 아직 제안하는 글을 쓰는 방법을 잘 모르기 때문에 제안
하는 글을 쓰는 방법을 학습하였다.

이때 활용한 자료는 국어 교과서였다. 교과서에는 학생 수준에 맞는 예시자료가 있고, 글의 종류에 따른 내용 조직 방법을 배우기에 좋은 교재였다.

교사는 제안하는 글을 다른 글감으로 여러 번 쓰기보다는 생활의 문제를 깊이 들여다보고 여러 번 고쳐 쓰며 더 좋은 글을 만들어가는 과정이 중요하다고 여겨 따로 글을 쓰는 연습은 해보지 않았다.

우리 마을의 문제 해결을 위해 공공기관에 제안하는 글쓰기 (13~14차시)

> ★ 제안하는 글 내용 조직하기
> ★ 제안하는 글쓰기
> ★ 제안하는 글 돌려 읽기
> ★ 제안하는 글 고쳐쓰기
> ★ 제안하는 글 평가하기(국어 성취기준 도달 점검)

이 단계는 1인 1글쓰기로 진행되었다. 프로젝트학습이라고 해도 꼭 산출물이 모둠에서 공통으로 제작되어야 하는 것은 아니다. 1인 1글을 쓰더라도 모둠원끼리 서로 글을 돌려 읽고 조언해주면서 더 나은 글을 만들어가는 과정도 프로젝트 활동으로서 긍정적 의미를 가진다. 또한 서로 조언하고 고쳐보면서 동료평가와 자기평가를 동시에 할 수 있는 좋은 방법이다. 1인 1글쓰기를 해야 하는 가장 중요한 이유는 성취기준에 도달하기 위해서는 반드시 1인 과제로 수행되어야 하기 때문이다.

연습 없이 바로 제안하는 글을 쓰기 시작하였기 때문에 내용을 조직하는 것부터 힘들어하거나 문장의 위치를 찾지 못하는 학생들이 있었다. 내용 조직과 학생들이 쓴 글에 대한 1차 피드백은 교사가 해주었다. 1차 퇴고 후에 학생들끼리 돌려 읽으며 피드백을 하고 2차 수정이 이루어질 수 있도록 하였다.

계속 손글씨로 글을 수정하며 쓰는 것은 부담이 되기도 하고 지루하기도 하여 2차 수정된 글은 컴퓨터로 글쓰기를 하여 학급 SNS에 공유하였다. 글이 완성된 후에는 제안하는 글에 대해 자기평가와 동료평가, 교사평가를 동시에 실행했다. 여러 번의 퇴고 과정을 거치며 완성된 글이기 때문에 글의 수준이 평가기준에 미흡한 학생이 없었다.

공공기관에 제안하기(15차시)

글이 완성된 후에는 문제 해결을 위해 노력해줄 공공기관에 제안서를 보내기로 하였다. 사실 조금 더 큰 기관에 제안을 했다면 홈페이지에 글을 남기는 것으로 마무리 지을 수도 있겠으나 학생들이 면단위 공공기관에 요청할 사항을 제안하는 글로 작성하였기 때문에 우편으로 보내는 방법을 선택하였다.

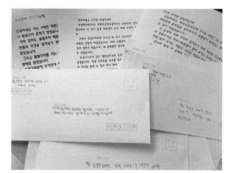

▶
학생들이
편지 형식으로 쓴
제안하는 글

프로젝트학습 평가와 성찰하기(16~17차시)

★ 배운 것 돌아보기
★ 성찰일지 쓰기

프로젝트학습을 평가할 때 처음에 제시한 평가 기준에 맞추어 교사평가와 자기평가가 같이 이루어지게 했다. 평가는 이 단계에서만 하는 것이 아니다. 국어의 평가는 이미 앞 단계에서 충분히 이루어졌으므로 공공기관의 종류와 역할을 묻는 퀴즈와 학생들이 지역의 문제를 해결한 과정에 대한 성찰일기를 바탕으로 지역문제 해결에 참여하는 태도를 평가하였다.

내가 사는 지역의 문제를 해결하기 위해 공부해보니 더욱 실감이 나고 재미있다. 설문지 만들기와 컴퓨터로 제안하는 글쓰기 등 컴퓨터를 활용하는 수업이 재미있었다는 반응이 많았다. 학생들의 성찰을 통해 교사는 학생들의 성향을 더욱 잘 파악할 수 있었고, 다음 프로젝트학습을 설계하는 데 도움을 받았다.

Step ③ 프로젝트학습 되돌아보기

이 프로젝트학습은 사회 교과서에 안내된 학습활동을 순서만 조금 바꾸어 수행한 것이기 때문에 누구나 쉽게 접근하기 좋은 주제였다. 다만 학생들이 사는 지역의 여건에 따라 더 다양할 수도 단조로울 수도 있는 활동이다. 그것을 극복하는 것이 교사의 역할인 듯하다. 이 프로젝트를 하면서 그 역할을 충분히 해내지 못한 아쉬움이 남는다. 조금 더 폭넓게 설계해서 공공기관 견학을 추가한다든지 학생들이 제안한 것이 어떻게 실현되었는지 직접 확인까지 할 수 있었다면 얼마나 좋았을까 하는 아쉬움이 남는다.

프로젝트학습의 장점은 시간 여유가 있다면 얼마든지 학생들에게 필요한 활동을 확장할 수 있는 것이라고 생각한다. 학생들이 찾은 지역의 문제를 해결할 방법을 찾지 못할 때 지역주민들에게 설문을 하여 학생들의 탐구 활동이 깊어지는 것을 확인할 수 있었다. 이렇게 어떤 문제에 깊이 있게 파고드는 방법을 배우고 직접 경험해보는 것이 학교에서 해야 하는 배움 활동이란 생각이 들었다.

가장 아쉬운 것은 교사의 설계다. 시기상 학기 말에 이루어진 프로젝트학습이다 보니 기간을 충분히 확보하지 못하여 학생들이 제안한 내용이 공공기관에서 처리되고 문제가 해결과는 과정을 확인하지 못하고 마무리되었다. 사회과에서 2학기에도 지역의 여러 문제를 다루는 내용이 있으니 그 부분까지 함께 다루어 1,2학기가 연계되는 프로젝트학습을 해본다면 더 의미 있는 시간을 가질 수 있을 것 같다.

> 나는 이렇게 살아요!
> 3학년

Step ① 프로젝트학습 준비하기

주제선정 과정

의식주 생활 모습의 차이를 알아보는 수업을 준비하다가 우리나라에서는 의식주의 모습이 비슷하다는 생각이 들었다. 도시나 농촌이나 의식주 생활 모습에 큰 차이가 없어서 서로를 비교하는 것으로는 환경에 따라 사람들의 의식주 생활 모습이 달라진다는 것을 알기 어렵겠다는 생각이 들었다. 그 때문인지 교과서에서도 우리나라 안에서 의식주 생활 모습을 비교하기보다는 외국과 비교하는 자료가 대부분이었다. 실제로 학생들도 도시와 농촌 지역의 차이점을 별로 느끼지 못하고 있었다. 우리 나라 안에서 그나마 생활 모습이 다른 곳이 어디 없을까 찾아보다 섬이 라면 그래도 생활 모습이 다를 수도 있겠다는 생각이 들었다. 실제로 섬 에 살아본 사람들에게 물어보니 섬은 도시와 생활 모습이 꽤 차이가 난 다는 경험담을 들을 수 있었다. 그렇게 섬과 도시의 의식주 생활 모습을 비교해보며 환경에 따라 달라지는 의식주 생활 모습을 비교하는 프로젝 트학습을 하기로 했다.

프로젝트학습을 위해 먼저 도시지역인 우리 고장의 생활 모습을 조 사하고 정리하여 발표자료를 만들었다. 그리고 프로젝트학습을 함께 설 계하고 실천한 신안의 00초등학교 학생들과 화상회의를 통해 도시와 섬 지역의 생활 모습을 비교하도록 설계하였다.

프로젝트학습 목표

① 우리 고장의 의식주 생활 모습을 알아보고 다른 고장과 비교하기
② 환경에 따른 의식주 생활 모습이 달라지는 이유를 이해하기
③ 생활 모습의 다양성을 표현하는 비교자료 제작하기

프로젝트질문

도시와 섬마을의 생활 모습은 어떻게 다를까?

교육과정 분석

◎ 관련 성취기준
〔4사-02-01〕 우리 고장의 지리적 특성을 조사하고,
이것이 고장 사람들의 생활 모습에 미치는 영향을 탐구한다.
〔4사-02-02〕 우리 고장과 다른 고장 사람들의 의식주 생활 모습을 비교하여,
환경의 차이에 따른 생활 모습의 다양성을 탐구한다.
〔4미01-01〕 자연물과 인공물을 탐색하는 데 다양한 감각을 활용할 수 있다.

◎ 관련 교과서 차시 목표(총 14차시)

교과	단원	차시 학습 목표	차시
사회	1. 환경에 따른 다른 삶의 모습	계절에 따른 우리 고장 사람들의 생활 모습 살펴보기	1
		우리 고장 사람들이 하는 일 살펴보기 -1-	2
		우리 고장 사람들이 하는 일 살펴보기 -2-	3
		우리 고장 사람들의 여가생활 모습 살펴보기	4
		의식주가 무엇인지 알아보기	5
		우리 고장 사람들과 다른 고장 사람들의 의생활 모습 비교하기	6
		우리 고장 사람들과 다른 고장 사람들의 식생활 모습 비교하기	7
		우리 고장 사람들과 다른 고장 사람들의 주생활 모습 비교하기	8
		환경에 따른 의식주 생활 모습을 여러 가지 방법으로 나타내기 -1-	9
		환경에 따른 의식주 생활 모습을 여러 가지 방법으로 나타내기 -2-	10
미술	8. 찰칵! 순간을 담아	사진을 찍을 때의 올바른 자세와 사진기의 사용 방법 알아보기 -1-	1
		사진을 찍을 때의 올바른 자세와 사진기의 사용 방법 알아보기 -2-	2
		사진을 찍는 다양한 방법을 알고 사진 찍기	3
		사진에 이야기를 담아 재미있는 사진 찍기	4

▼

배워야 할 내용	- 의식주의 의미 파악하기 - 경제생활과 여가생활 알아보기 - 자연환경과 인문환경에 따른 생활 모습의 차이 비교하기
실천해야 할 활동	- 우리 고장의 인문환경과 자연환경 살펴보기 - 우리 고장 사람들의 경제생활과 여가생활 살펴보기 - 우리 고장과 다른 고장 사람들의 의식주 생활 모습 알아보기 - 사진을 찍는 다양한 방법 알고 사진 찍기

환경 조성하기

① 4인 1조의 모둠 구성

② 공동 프로젝트를 진행할 섬 지역 3학년 학급 섭외

③ 화상회의가 가능한 교실 환경 구성

④ 사진 촬영이 가능한 기기 구비

평가 계획

영역	평가 내용	평가 방법
성취기준	• 우리 고장의 지리적 특성을 조사하고, 이것이 고장 사람들의 생활 모습에 미치는 영향을 탐구할 수 있는가?	산출물 자료 분석
	• 우리 고장과 다른 고장 사람들의 의식주 생활 모습을 비교하여 환경의 차이에 따른 생활 모습의 다양성을 설명하는 발표자료를 제작할 수 있는가?	산출물 평가
핵심역량	• (정보 활용 능력) 다양한 자료와 테크놀로지를 활용하여 정보를 수집하고 해석할 수 있는가?	관찰평가
	• (의사소통 및 협업 능력) 프로젝트질문을 해결하기 위해 모둠원을 존중하고 협력하며 의사소통할 수 있는가?	관찰평가
	• (창의적 사고력) 학습 주제와 관련된 발표자료를 만들기 위해 창의적인 방법을 고려할 수 있는가?	관찰평가

프로젝트학습 흐름

차시	배움 활동	단계
1	프로젝트학습 도입하기	도입
2-3	의식주와 우리 고장 사람들의 경제생활과 여가생활 살펴보기	탐구
4	상황에 맞게 적절한 사진을 찍는 방법 알아보기	
5-6	우리 고장의 주변 환경과 사람들의 의식주 생활 모습 조사하기	
7-8	도시와 섬의 생활 모습 비교하기	
9-11	환경에 따른 의식주 생활 모습의 차이 발표 자료 제작하기	공유
12-13	발표 자료 공유하기	
14	활동 성찰하기	정리

Step ② 프로젝트학습 실천하기

프로젝트학습 도입하기(1차시)

★ 프로젝트학습 주제 관련 영상 시청 및 토의
  - 프로젝트학습 제안서 소개
  - 우리나라 안에서 생활 모습이 다른 지역 생각해보기
★ 프로젝트학습 주제 확인하기
★ 프로젝트질문 확인하기
★ 프로젝트학습 활동 탐색하기
  - 프로젝트질문에 대해 알고 있는 것에 대해 적고 이야기 나누기
  - 프로젝트질문을 해결하기 위해 배워야 할 것, 실천해야 할 것, 하고 싶은 것을 씽킹보드에 적기 (자 씽킹보드)
  - 배워야 할 것, 실천해야 할 것, 하고 싶은 것을 유목화하기
★ 프로젝트학습 활동 계획 세우기
  프로젝트질문을 해결하기 위해 어떤 활동을 하면 좋을까요?
★ 모둠별 프로젝트학습 계획서 및 계약서 작성하기
★ 평가기준 확인하기

본 차시는 도입단계로 학생들이 프로젝트학습 주제에 흥미를 가지고 프로젝트질문 해결을 위한 다양한 활동을 설계하는 데 목적이 있다.

동기 유발을 위해 환경에 따라 달라지는 의식주 생활 모습을 조사해 알려달라는 제안서를 받아 수업을 시작하기로 했다. 제안서는 교장선생님에게 부탁을 드려 교장선생님이 직접 작성해주셨다. 교장선생님께 제안서를 받았다는 것에 3학년 학생들은 상당히 동기부여가 되었다. 제안서를 읽은 후 학생들에게 우리나라 안에서 생활 모습이 다른 곳이 있을지 생각해보라고 질문을 던졌다. 학생들은 농촌지역, 산촌지역 등 다른 지역을 가본 경험을 이야기하며 생활 모습에 큰 차이가 없다는 이야기를

나누었다. 학생들의 사고를 확장하기 위해 교사는 학생들에게 섬에 사는 사람들의 생활 모습은 어떨지 생각해보라는 질문을 했다. 섬에 살아본 경험이 있는 학생들이 없었기에 학생들의 궁금증이 커졌고 학생들에게 우리의 생활 모습과 섬마을 학생들의 생활 모습을 비교해보면 어떨까 하고 제안했다.

이번 프로젝트학습은 학생들이 의식주가 무엇인지, 환경에 따라 사람들의 의식주 생활 모습은 어떻게 달라지는지를 배우는 것이 가장 중요했다. 때문에 프로젝트질문을 다음과 같이 설정했다.

> 〔프로젝트질문〕
> 도시와 섬마을의 생활 모습은 어떻게 다를까?

3학년 학생들의 수준에 맞추어 프로젝트질문은 단순화하였다. 대신 앞부분에서 이번 프로젝트학습 주제에서 배워야 하는 내용을 자세하게 설명하였다. 학생들이 직접 섬마을 학생들과 화상회의를 하며 자료를 수집하고 서로의 생활 모습을 비교해보는 활동을 하게 될 것이라고 안내했다. 또 이를 통해 수집한 자료를 바탕으로 환경에 따른 의식주 생활 모습의 차이점을 설명하는 것이 목표임을 분명하게 안내했다. 프로젝트학습에 익숙하지 않은 3학년 학생들이기 때문에 교사의 안내가 많이 필요했다. 하지만 활동에 들어가서는 학생들의 선택권을 최대한 보장해주려고 했다. 학생들에게 안내한 프로젝트학습 활동 내용은 다음 페이지에 나오는 표와 같다.

본격적인 활동을 시작하기 전 모둠별로 프로젝트학습 계획서와 계약서를 작성하였다. 팀명, 역할 분담도 이때 이루어졌다. 아직 모둠 활동에

차시	배움 활동	단계
1	프로젝트학습 도입하기	도입
2-3	의식주와 우리 고장 사람들의 경제생활과 여가생활 살펴보기	탐구
4	상황에 맞게 적절한 사진을 찍는 방법 알아보기	
5-6	우리 고장의 주변 환경과 사람들의 의식주 생활 모습 조사하기	
7-8	도시와 섬의 생활 모습 비교하기	
9-11	환경에 따른 의식주 생활 모습의 차이 발표자료 제작하기	공유
12-13	발표자료 공유하기	
14	활동 성찰하기	정리

익숙하지 않은 3학년 학생들이었기 때문에 계획서와 계약서를 쓰는 데 많은 시간을 들였고 주의사항을 여러 번 강조했다.

평가기준과 관련된 계약서에 명시된 프로젝트학습 서약문

• 책임감을 가지고 자신의 역할을 수행하겠습니다.
• 문제를 해결하기 위해 다른 팀원들을 존중하며 협력하여 활동하겠습니다.

의식주와 우리 고장 사람들의 경제생활과 여가생활 살펴보기 (2~3차시)

★ 의식주라는 말을 들어본 경험 떠올리기
★ 의생활이란 무엇인지 알아보기
★ 식생활이란 무엇인지 알아보기
★ 주생활이란 무엇인지 알아보기
★ 경제생활과 여가생활의 의미 알아보기
★ 우리 고장 사람들의 경제생활 모습 살펴보기
★ 우리 고장 사람들의 여가생활 모습 살펴보기

환경에 따른 의식주 생활 모습의 차이를 알아보기 위해서는 의식주라는 말이 무엇인지부터 알아야 했다. 평소 사회 시간에 학생들이 어려워하는 부분을 살펴보면 주로 새로 나오는 용어들의 의미 파악을 못 해서 생기는 어려움이 대부분이었다. 한자로 된 용어도 많고 평소에 자주 사용하지 않는 용어들이다 보니 학생들이 그 용어의 개념을 확실하게 알지 못한 채 수업을 듣는 경우가 있었다. 그래서 의식주의 개념을 확실하게 알고 프로젝트학습을 진행해야 학생들의 배움이 잘 이루어질 수 있다고 판단해 의식주의 의미를 배우는 시간을 가졌다. 이후에는 사람들의 생활 모습을 자세하게 분류하기 위해 경제생활과 여가생활의 의미를 파악하고 우리 고장 사람들의 경제생활과 여가생활을 알아보았다. 또 우리 고장의 자연환경과 인문환경적인 특징을 알아보기 위해 사진자료, 위성사진자료 등을 제공하고 학생들의 경험을 이야기해보는 시간을 가졌다. 이 부분은 학생들의 경험만으로는 알기 어려운 부분이어서 학생들의 경험과 더불어 교사가 추가적인 자료를 제공해 학생들의 배경지식을 넓혔다. 이 과정에서 교사주도의 지식전달 수업이 많았지만, 앞으로의 활동을 위해 필요한 부분이라고 생각했다.

상황에 맞게 적절한 사진 찍는 방법 알아보기 (4차시)

> ★ 사진 찍는 다양한 방법 알기
> ★ 사진에 이야기를 담아 사진 찍기

자료 제작에 사용하는 사진은 특별한 목적을 지닌 사진이기에 학생들이 학습 주제에 맞는 사진을 찍을 수 있어야 한다고 생각했다. 사진에서 강조하고 싶은 부분이 잘 드러나게 사진을 찍는 방법을 알아보기 위해 주제가 잘 드러나는 사진들을 예시로 보여주고 학생들에게 공통점을 찾아보도록 했다. 학생들은 자료 수집을 위해 안전하게 사진 촬영하는 방법을 배우고 연습을 해보았다. 학생들이 직접 사진을 찍고 어떤 부분을 강조하려는 의도였는지 서로에게 설명하도록 하면서 적절한 사진을 찍는 방법을 연습했다.

우리 고장의 주변 환경과 사람들의 의식주 생활 모습 조사하기 (5~6차시)

> ★ 우리 집 일주일간의 밥상 사진 찍기
> ★ 우리 학교 학생들의 복장 사진 찍기
> ★ 부모님의 출근 복장 사진 찍기
> ★ 조원들이 살고 있는 집의 내, 외부 사진 찍기

우리 고장과 다른 고장의 의식주 생활을 비교하기 위해 우선 우리 고장의 의식주 생활 모습을 조사했다. 자신의 생활과 밀접한 의식주 생활을 조사하면 학생들이 더 관심을 가지고 활동에 참여하리라 생각해 학생들의 실제 의식주 생활 모습을 조사하기로 했다. 자신이 먹는 밥상의 사진, 우리 학교 학생들의 복장, 부모님의 출근 복장, 학생들이 실제로 사는 주택의 내부와 외부 사진(집 안에서 바라본 밖의 풍경 포함)을 찍어 우리 고장 사람들의 의식주 생활을 조사하였다. 3학년 학생들은 사진 찍을 때 사진의 쓰임과 주제를 잊고 자료 제작에 적합하지 않은 사진을 찍는 때도 있어 사진이 나중에 발표자료 제작에 쓰인다는 것을 여러 번 안내했다.

다른 고장의 주변 환경과 사람들의 의식주 생활 모습 비교하기 (7~8차시)

> ★ 화상회의를 위한 자료 제작
> ★ 화상회의를 하며 다른 고장 사람들의 생활 모습 알아보기

학생들은 모둠별로 조사한 자료를 모아 화상회의를 위한 발표자료를 제작했다. 최종발표를 위한 자료가 아니라 다른 고장 학생들에게 우리 고장 사람들의 의식주 생활 모습을 알려주기 위한 자료라서 자료 제작에 너무 많은 시간을 들이지 않게 했다. 학생들은 그동안 수집한 사진에 설명을 적어 공유했다. 이 과정에서 의식주 생활 모습에서 여러 차이를 발견할 수 있었다. 밥상 사진을 보며 학생들은 식재료가 매우 다르다는 것을 발견했고 부모님의 출근 복장에서도 차이를 발견했다. 출근 복장이 지역의 경제생활과 연관이 있다는 것을 학생들은 알게 되었다. 또한, 주택의 내부와 외부 모습도 차이가 있었다. 섬 지역 학생들은 아파트와 같은 고층 건물에 사는 학생들이 거의 없었고 주택에 사는 경우에도 외부 모습에서 차이를 발견할 수 있었다. 특히 집에서 바라보는 밖의 풍경을 찍은 사진을 통해 생각보다 많은 차이점이 있다는 것을 알 수 있었다.

발표 자료 제작하기 (9~11차시)

> ★ 최종발표를 위한 자료 제작하기
> ★ 중간발표 및 수정

화상회의를 통해 환경에 따른 의식주 생활 모습의 차이점을 알게 된

학생들은 최종발표를 위한 자료를 제작했다. 발표자료가 사진 나열에 그치지 않도록 교사는 지속적인 피드백을 제공하였다.

모둠별로 제작한 발표자료로 중간발표 시간을 가졌다. 중간발표는 학급에서 진행하였다. 교사와 학생들은 중간발표를 보고 모둠별로 피드백을 주었다. 교사는 학생들이 효과적인 피드백을 할 수 있도록 평가 관점을 제공하였다. 중간발표 후 피드백을 반영해 최종발표 자료를 수정할 수 있는 시간을 가졌다.

발표 자료 공유하기 (12~13차시)

> ★ 최종발표

최종발표는 모둠별로 제작한 자료를 학급에서 공유하는 방식으로 진행하였다. 교장선생님의 제안서로 시작됐기 때문에 교장선생님에게도 참석을 부탁드렸다. 학생들은 평소보다 진지한 태도로 발표를 진행했다. 전지를 활용하기도 했고 동영상으로 발표자료를 제작하기도 했다. 모둠별 발표를 보면서 서로 평가할 수 있도록 평가표를 나누어 주었다. 또 이번 프로젝트학습을 하면서 모둠별로 촬영한 사진만 따로 모아 A4 사이즈로 인쇄해 마치 사진전처럼 복도에 전시하였다.

활동 성찰하기(14차시)

> ★ 성찰일지 작성하기
> ★ 성찰일지 공유하기(알게 된 점, 잘한 점&아쉬웠던 점 등)

최종발표가 끝난 후 학생들은 개인별로 성찰일지를 작성하였다. 다른 학생들에게 받은 평가표도 읽어보면서 자신들의 활동을 다시 돌아보는 시간을 가졌다. 잘한 점과 부족한 점을 스스로 돌아보았다. 이후에는 서로의 성찰일지를 공유하며 서로를 격려하였다.

Step ③ 프로젝트학습 되돌아보기

이번 프로젝트학습을 통해 학생들이 배워야 하는 내용은 사실 어렵지 않은 개념이었다. 환경에 따라 사람들의 의식주 생활 모습이 달라진다는 것은 교과서 자료를 이용해도 쉽게 알 수 있는 내용이었다. 하지만 학생들이 직접 관찰하고 조사하여 학생들 자신의 생활 모습과 비교해서 환경에 따른 의식주 생활 모습의 차이를 알게 하고 싶었다. 이를 통해 학생들이 사회 현상을 비판적으로 바라보고 분석할 수 있는 역량을 기를 수 있을 것으로 생각했다. 실제로 학생들은 직접 자료를 제작하고 분석하는 활동을 하면서 자신의 생활 모습을 예전보다 더 관심을 가지고 바라보게 되었고, 그동안에는 특별한 관심을 갖지 않았던 밥상이 환경에 따라 달라질 수 있다는 것에 흥미를 느꼈다. 부모님의 출근 복장도 이제는 하나의 사회 현상으로 느끼게 되었다.

학생들에게 최대한 선택권을 주려고 노력했지만, 모둠 활동과 발표자료 제작에 익숙하지 않은 3학년이라서 교사의 많은 도움이 필요했다. 화상회의를 이용해 섬 지역 학급과 서로의 생활 모습을 알아보는 활동도 교사의 도움 없이는 할 수 없는 활동이었다. 어떤 자료를 조사해야 하는 지도 교사의 안내가 필요했다. 학생들은 어떤 것을 조사해야 의식주 생활 모습을 알아볼 수 있을지 잘 떠올리지 못했다. 학년 특성을 고려한다면 어쩔 수 없는 일이라고 생각했다. 교사의 역할이 크기는 했지만, 학생들이 직접 조사하고 제작한 자료를 다른 지역의 학생들과 공유하고 다시 그 자료를 바탕으로 발표자료를 제작해 교장선생님 앞에서 발표할 수 있다는 것에 큰 흥미를 느꼈고 자랑스러워했다.

3~4학년
프로젝트학습 사례
④

> 나는야 신문기자!
> 4학년

Step ① 프로젝트학습 설계하기

주제선정 과정

4학년 1학기 4단원 '일에 대한 의견'의 목표는 '사실과 의견을 생각하며 글을 읽고 쓸 수 있다.'이다. 관련 성취기준은 '[4사02-04] 글을 읽고 사실과 의견을 구별한다.'와 '[4사03-03] 관심 있는 주제에 대해 자신의 의견이 드러나게 글을 쓴다.'이다. 성취기준을 구체화한 학습 자료인 교과서 구성은 차시별 학습활동이 분절적으로 구성되어 있어 성취기준을 달성하는 데 미흡하다고 판단되었다.

이에 학생들이 즐겁게 배우면서 성취기준을 달성할 수 있는 교육과정을 디자인하고자 연구하였다. 지도서에 신문기사가 사실과 의견이 드러난 대표적인 텍스트 장르라는 내용이 있었다. 교과서는 사실과 의견을 구별하는 방법을 배우고 신문기사 쓰기 활동으로 구성되어 있었다.

이에 신문기사를 읽으면서 사실과 의견을 구별하는 방법을 배워 사실과 의견이 드러나는 신문기사를 쓰는 〈나는야 신문기자!〉 프로젝트학습을 설계하였다.

프로젝트학습 목표

① 관심 있는 주제에 대한 신문기사 쓰기
② 신문기사를 읽고 사실과 의견 구별하기

프로젝트질문

나는 (신문기자)로서 어떻게 하면 (관심 있는 주제)에 대한
(신문기사)를 잘 쓸 수 있을까?

교육과정 분석

◎ 관련 성취기준

〔4국02-04〕글을 읽고 사실과 의견을 구별한다.

〔4국03-03〕관심 있는 주제에 대해 자신의 의견이 드러나게 글을 쓴다.

◎ 관련 교과서 차시 목표(총 10차시)

교과	단원	차시 학습 목표	차시
국어	4. 일에 대한 의견 (10차시)	사실과 의견의 차이점을 안다.	1-2
		글을 읽고 사실과 의견을 구별할 수 있다.	3-4
		사실에 대한 의견을 말할 수 있다.	5-6
		사실에 대한 의견을 쓸 수 있다.	7-8
		학급에서 일어난 일에 대해 의견이 드러나게 쓸 수 있다.	9-10

▼

배워야 할 내용	사실과 의견의 차이점 이해하기	산출물
실천해야 할 활동	-사실과 의견 구별하기 -사실에 대한 의견을 표현하기	신문 기사

환경 조성하기

① 4인 1조의 모둠 구성

② 신문기사 쓰기는 개인 활동이 중심이고, 고쳐쓰기는 모둠 상호작용이 활발히 일어나도록 학습 분위기를 조성

③ 학생과 교사가 함께 구성한 프로젝트질문과 배움 활동 계획을 교실에 게시

평가 계획

영역	평가 내용	평가 방법
성취 기준	• 글을 읽고 사실과 의견을 구별할 수 있는가?	서술형 평가
	• 사실과 의견이 드러나게 관심 있는 주제와 관련된 신문기사를 썼는가?	산출물 평가
핵심 역량	• (자기관리 역량) 자신이 맡은 역할을 책임감 있게 수행하였는가?	관찰평가
	• (의사소통 역량) 고쳐쓰기 과정에서 모둠원의 의견을 적절하게 수용하고 반영하였는가?	관찰평가

프로젝트학습 배움 활동 흐름

주제	차시	차시 활동 내용	단계
나는야 신문기자!	1	프로젝트학습 도입하기	도입
	2-4	신문기사 쓰는 방법 배우기	탐구
	5-8	신문기사 쓰기	
	9	신문기사 전시회 개최하기	공유
	10	프로젝트학습 정리하기	정리

Step ② 프로젝트학습 실천하기

프로젝트학습 도입하기(1차시)

먼저 교사가 〈나는야 신문기자!〉라는 프로젝트 주제를 안내하고 학생들과 신문기자에 대해 이야기를 나누었다. 그리고 신문기자라는 직업을 소개하는 동영상을 시청하고 신문기자의 역할에 대해 학습하였다. 신문기자의 역할을 제대로 학습한 뒤 자신이 신문기사로 쓰고 싶은 주제를 모둠원에게 소개하는 활동을 하였다.

　이러한 활동과 함께 교사가 제공한 프로젝트질문 기본 틀을 바탕으로 개인별 프로젝트질문을 구성하였다.

〔교사가 제공한 프로젝트질문 기본 틀〕

나는 (역할)로서 어떻게 하면
(관심 있는 주제)에 대한 (결과물)을 잘 쓸 수 있을까?

학생들이 작성한 프로젝트질문의 예시는 아래와 같다.

- 나는 신문기자로서 어떻게 하면 우리나라의 큰 화재에 대한 신문기사를 잘 쓸 수 있을까?
- 나는 신문기자로서 어떻게 하면 코로나19에 대한 신문기사를 잘 쓸 수 있을까?
- 나는 신문기자로서 어떻게 하면 이양기에 대한 신문기사를 잘 쓸 수 있을까? 등

　다음으로 교사와 학생들이 배움 활동을 구성하였다. 먼저 프로젝트질문을 해결하는 데 '배워야 할 내용'과 '실천해야 할 활동'을 개인별로 포스트잇에 적도록 하였다. 모둠에서 비슷한 내용끼리 허니컴보드에 정리하여 칠판에 붙였다. 마지막으로 교사와 학생이 칠판에 붙은 허니컴보드를 바탕으로 배움 활동과 학습 시수를 아래와 같이 구성하였다.

차시	학생과 교사가 협의한 배움 활동
1	프로젝트학습 도입하기
2-4	신문기사 쓰는 방법 배우기(사실과 의견 구별하기)
5-8	신문기사 쓰기
9	전시회 열기
10	프로젝트학습 정리하기

프로젝트질문 구성하기와 배움 활동 구성하기를 바탕으로 개인별로 프로젝트학습 계획서와 계약서를 작성하였다. 계약서의 내용을 학생 개인이 모둠에서 공언하게 함으로써 학생 스스로가 자기주도적이고 책임감 있게 프로젝트학습에 참여할 수 있는 계기를 마련하였다. 마지막으로 〈나는야 신문기자!〉의 평가기준을 안내하고 수업을 마무리하였다.

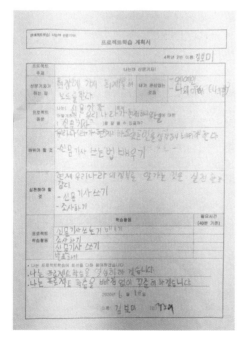

◀
계획서 및
계약서

신문기사 쓰는 방법 배우기(2-4차시)

본 차시는 학생들이 신문기사 쓰는 절차를 이해하고, 사실과 의견을 바탕으로 신문기사 쓰는 능력을 갖추는 데 목적이 있다.

먼저 신문기사 쓰는 절차에 관한 동영상을 보고 신문기사 쓰는 절차를 이해하도록 하였다.

> 사실 확인하기 → 사실에 대한 기자의 생각 정리하기 ·
> 신문기사 쓰기 → 수정 · 보완하기

다음으로 교사가 제시한 '독도의 날 행사 실시'라는 신문기사를 읽고 사실과 의견의 의미와 구별하는 방법을 배웠다.

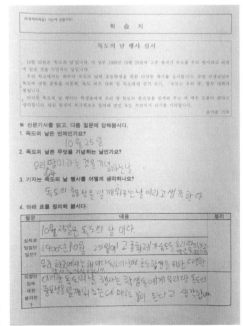

▶
'독도의 날 행사 실시'
활용 학습지

이어서 프로젝트학습의 실제성과 자율성을 보장하면서 배움이 일어나도록 학생이 가지고 온 신문에서 신문기사를 선택해 사실과 의견을 구분해 보는 활동을 하였다. 이 활동을 통해 학생들은 신문기사의 기본 구성과 좋은 신문기사에 대해 알게 되었다. 첫째, 신문기사에는 사실과 의견이 균형 있게 표현되어 있음을 알게 되었다. 둘째, 좋은 기사문은 사실만 전달하는 기사문이 아닌 사실에 대한 의견이 들어가야 한다는 점도 알게 되었다. 마지막으로 의견은 기자 본인의 생각이 아닌 기사에 제시된 사실을 근거로 하여 써야 함도 알게 되었다.

▼
학생이 선택한
신문기사와 학습지

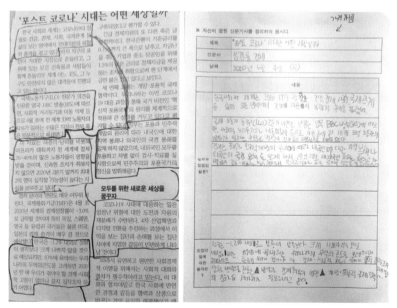

신문기사 쓰기(5-8차시)

본 차시는 자신이 정한 주제에 대한 취재를 바탕으로 신문기사를 쓰는 데 목적이 있다.

먼저 교사는 프레젠테이션 자료를 통해 취재할 때 주의할 점을 명시적으로 안내하고, 자신이 정한 주제에 대해 취재하도록 하였다.

[취재할 때 주의할 점]

1. 무엇을 조사할지 정확히 정하기
2. 육하원칙을 바탕으로 사실을 파악하기
3. 조사한 내용이 사실인지 검토하기
4. 믿을 만한 자료 활용하기
5. 조사한 내용을 자신의 말로 정리하기

취재하기 전에 무엇을 조사할지 명확히 이해하고, 육하원칙에 따라 조사하도록 안내하였다. 그리고 조사한 내용이 사실인지 반드시 확인하고, 공신력 있고 믿을 만한 자료를 활용하였는지 확인하도록 하였다. 마지막으로 학생들이 가장 많이 갖고 있는 습관 중 하나가 자료를 그대로 옮겨 적는 것이다. 교사는 조사 자료의 내용을 본인이 쓰고자 하는 기사문에 맞도록 '자신의 언어'로 써야 함을 안내하였다. 교사는 조사의 방향과 방법이 올바른지 계속 관찰하면서 적절한 도움을 제공하였다.

학생들은 취재한 내용을 바탕으로 신문기사를 썼다. 모둠별로 신문기사를 돌려 읽으면서 고쳐 쓸 부분에 대해 피드백하도록 하였다. 교사는 피드백 관점을 프레젠테이션 자료를 통해 명시적으로 안내하였다. 마지

막으로 학생들은 고쳐쓰기 피드백을 반영하여 자신의 신문기사를 고쳐
썼다.

1. 사실을 명확히 표현하였는가?

2. 사실에 대한 나의 의견을 명확히 표현하였는가?

3. 신문기사가 이해하기 쉬운가?

4. 맞춤법은 맞는가?

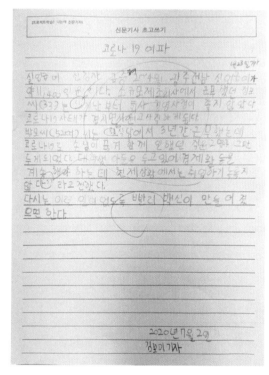

◀
학생이 쓴 신문기사 초고

전시회하기(9차시)

본 차시는 학생들이 작성한 신문기사를 즐겁게 공유하고, 공유하는 과정에서 학생들이 사실과 의견을 구분할 수 있는지를 평가하는 데 목적이 있다.

먼저 교실 곳곳에 학생들의 신문기사를 전시하였다. 학생들에게 15분 동안 다른 학생들의 신문기사를 자유롭게 읽어보도록 하였다. 그리고 자신이 살펴본 신문기사 중 마음에 드는 신문기사를 선정하여 10분 동안 사실과 의견을 구분하는 학습지를 작성하도록 하였다. 교사는 학생이 작성한 학습지를 평가하여 사실과 의견을 구분하기를 어려워하는 학생에게 개별적 피드백을 제공하였다. 마지막으로 전시회를 통해 배운 점과 느낀 점을 발표하였다.

▶ 전시회 모습

프로젝트학습 정리하기(10차시)

본 차시는 프로젝트학습의 참여 과정에 대해 성찰하는 데 목적이 있다. 학생들은 교사가 나누어 준 학습지의 질문에 자신의 생각을 정리하면서 프로젝트학습 과정을 성찰하였다. 정리한 학습지를 바탕으로 모둠원과 이야기를 나누었다. 아래는 성찰지의 내용이다.

나 돌아보기	- 프로젝트학습을 하면서 내가 가장 잘한 점은 무엇입니까? - 프로젝트학습을 하면서 나에게 가장 아쉬웠던 점은 무엇입니까?

참여 태도
돌아보기
	- 모둠이나 개인 활동에 열심히 참여한 친구는 누구이며,
	  어떤 점을 칭찬하고 싶습니까?
	- 다음에 더 나은 프로젝트학습을 위해
	  나는 무엇을 어떻게 해야 합니까?

Step ③ 프로젝트학습 되돌아보기

〈나는야 신문기자!〉를 통해 학생들이 사실과 의견을 구별하고, 자신이 관심 있는 주제로 신문기사를 쓰고 공유하는 활동으로 성취기준에 도달하는 모습에 보람을 느꼈다. 이번 프로젝트학습에서는 학생 개인이 원하는 주제에 대해 기사를 쓸 수 있는 기회를 제공하기 위해 개인 프로젝트 형태로 수업을 구성하였다. 이번 수업을 바탕으로 다른 형태의 수업도 생각해 볼 수 있다. 유사한 주제를 가진 신문기사를 모아 한 분야의 신문을 만드는 프로젝트학습 혹은 모둠별로 다양한 주제를 가진 신문기사를 모아 신문을 만드는 프로젝트학습을 생각해 볼 수 있다. 이 두 가지 형태도 충분히 적용 가능하며 유의미한 배움이 일어날 수 있다고 생각한다.

학기초
적응 프로젝트 활동 사례
(근육 기르기)

> **내 친구, 어디까지 알고 있니?**
> 6학년

Step ① 프로젝트 활동 설계하기

주제선정 과정

친구소개 프로젝트 활동은 학기초에 적응하는 활동으로 프로젝트학습을 처음 접하는 학생들에게 프로젝트학습의 단계를 익히는 데 유용하며 프로젝트 근육 키우기에 해당된다. 프로젝트학습 조건을 모두 충족하지는 못하여 프로젝트 활동으로 부르고자 한다.

우리 학급은 소인수 학급으로 6년간 지속적인 관계를 유지해왔지만 서로를 깊이 있게 탐색하지는 않았다. 그리고 친한 친구 관계가 6년 동안 지속되어 친구 관계의 변화가 필요하였으며 다른 친구들에게도 다양한 장점이 있음을 알려주고 싶었다.

프로젝트 활동 목표

① 다양한 활동(교실놀이, 음악 소개, 인터뷰 등)을 통해 친구 알아보기
② 친구의 특징이 잘 나타나는 보고서 작성하기

프로젝트질문

6학년 1반으로서 친구를 알기 위해 어떻게 해야 할까?

프로젝트 활동 흐름

주제	차시	배움 활동	단계
	1	프로젝트학습 계획 세우기[2]	도입
	2	교실 놀이로 친구 알아보기	
	3	내가 좋아하는 음악 소개하기	
	4	다중지능 검사하기	탐구
내 친구, 어디까지 알고 있니?	5	친구 인터뷰하기	
	6	결과물 제작 계획하기	
	7	'친구'를 주제로 시 쓰기	
	8	보고서 제작을 위한 자료 정리하기	공유
	9~10	친구 탐구보고서 작성하기	
	11	프로젝트학습 성찰하기	정리

[2] 학생들에게는 프로젝트학습으로 안내하여 프로젝트학습으로 명명한다.

Step ② 프로젝트 활동 실천하기

프로젝트학습 계획 세우기(1차시)

프로젝트학습을 처음 접하는 학생들에게 프로젝트학습이 무엇인지 안내하면서 프로젝트질문을 제시하였다. 학생들에게 프로젝트질문을 해결하기 위해서 무엇을 알아야 하고, 어떻게 해야 하는지 질문을 하며 개인별 질문을 만들도록 하였다. 질문 목록은 칠판에 붙이고 학생과 같이 분류하여 배움 활동 내용을 선정하여 정리하였다.

> 프로젝트질문: 6학년 1반으로서 친구를 알기 위해 어떻게 해야 할까?

▶ 프로젝트학습 계획서

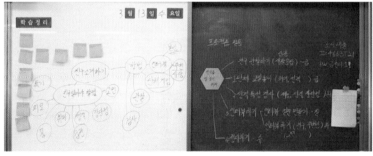

▲ 학생들의 질문 목록과 배움활동 정리

교실놀이, 음악 소개, 다중지능검사, 인터뷰하기(2~5차시)

2차시는 체육 시간을 활용하여 다양한 교실놀이로 친구를 알아보는 활동을 하였다. 교실놀이를 진행하기 전에 관찰할 친구를 뽑았으며 일주일 동안 관찰일지에 내용을 적도록 하였다. 이때 친구의 단점보다는 장점을 찾아보도록 하였다. 학생들에게 친구를 관찰할 관점을 제시하여 교실놀이를 하면서 친구를 관찰할 수 있게 하였다.

3차시는 음악 시간을 활용하여 내가 좋아하는 음악을 소개하면서 서로 궁금한 것을 묻고 답하는 시간을 가졌다. 이때 관찰일지에 내가 관찰하는 친구의 장점을 찾아 기록하도록 하였다.

4차시는 다중지능검사 실시 결과를 공유하는 자리를 가졌다. 우리 반 친구들의 강점과 약점을 알아보며 내가 관찰하는 친구의 장점을 파악하도록 하였다.

5차시는 그동안 관찰했던 내용 이외에 친구에게 궁금한 점을 생각하며 인터뷰하는 시간을 가졌다. 교실놀이, 음악 소개, 다중지능검사 결과 등을 통해 친구를 알고 난 후라서 다양한 질문을 제시하며 인터뷰하였다.

◀
교실놀이 활동

결과물 제작 계획, 시 쓰기, 보고서 작성하기(6~10차시)

6차시는 친구 탐구 보고서 작성을 위한 계획서를 작성하였다. 소개할 내용은 무엇인지, 처음과 끝은 어떻게 할 것인지, 중요한 부분은 어떻게 표현할 것인지 등의 내용을 생각하였다.

7차시에는 친구를 주제로 시 쓰기를 하였다. 친구 탐구 보고서를 작성하기 전에 친구의 특징을 다시 한번 탐색하고 글로 나타내는 활동으로 진행하였다.

8차시는 보고서 제작을 위해 자료를 정리하는 시간을 가졌다. 자료를 정리하며 탐구보고서의 구성 등을 이야기하며 시간을 보냈다.

9~10차시는 교실놀이, 음악 소개, 인터뷰, 관찰일지를 바탕으로 친구 탐구 보고서를 작성하였다.

▼
친구 탐구 보고서

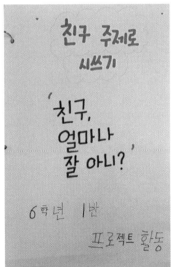

프로젝트학습 성찰하기(11차시)

11차시는 지금까지의 프로젝트학습에 대해 되돌아보며 일기형식으로 성찰하도록 하였다. 학생들은 내가 계획하는 수업을 해보았으며 잘 마무리해서 뿌듯하다고 하였다. 친구 소개 프로젝트학습을 통해 친구들과 더 가까워지는 계기가 되었다고도 말하였다.

5~6학년
프로젝트학습 제안
①

일제강점기 역사 알리기
6학년

프로젝트학습 목표

① 일제강점기의 주요 사건 파악하기

② 독립을 위해 힘쓴 인물 탐구하기

③ 매체를 활용하여 효과적으로 발표하기

프로젝트질문

역사 알리미로서 5학년 학생들에게 일제강점기 역사를 어떻게 알릴 수 있을까?

교육과정 분석

관련 성취기준
[6국01-05]매체 자료를 활용하여 내용을 효과적으로 발표한다.
[6사04-04]광복을 위하여 힘쓴 인물(이회영, 김구, 유관순, 신채호 등)의 활동을 파악하고, 나라를 되찾기 위한 노력을 소중히 여기는 태도를 기른다.

◎ 관련 교과서 차시 목표(총 12차시)

단원(교과)	차시 학습 목표(배정차시 수)
2. 사회의 새로운 변화와 오늘날의 우리(사회)	나라를 지키기 위한 안중근의 노력 알아보기 (1)
	한국인들이 고국을 떠난 까닭 알아보기 (1)
	3 · 1운동 알아보기 (1)
	나라를 되찾으려는 다양한 노력 알아보기 (1)
4. 효과적으로 발표해요(국어)	효과적인 발표자료 만들기 (1)
창의적 체험활동 (자율활동)	다양한 문서작성 방법 알아보기 (1)

프로젝트학습 흐름

주제	차시	차시 활동 내용	단계
일제강점기 역사 알리기	1	프로젝트학습 도입하기	도입
	2-3	역할 나누어 탐구 조사하기 1. 일제강점기의 원인 2. 일제의 만행 3. 독립운동 인물 탐구	탐구
	4	모둠 내 조사내용 발표 및 보완점 찾기	
	5	주제별 토의 후 자료 보완 정리	
	6	탐구 조사 자료를 바탕으로 연표 만들기	
	7	산출물 제작 계획 세우기	
	8	매체를 활용하며 발표하는 법 알아보기	
	9-10	산출물 제작	
	11	산출물 발표	공유
	12	프로젝트학습 평가 및 성찰	정리

5~6학년
프로젝트학습 제안
②

> 내가 만드는
> ___
> 안전한 우리 학교
> ___
> 5학년

프로젝트학습 목표

① 학교에서 발생할 수 있는 안전사고 종류와 예방법 알기

② 학교 안팎의 안전사고 위협 요소 파악하기

③ 산출물을 활용하여 안전사고 예방활동 실천하기

프로젝트질문

어떻게 해야 OO초등학교를 안전한 학교로 만들 수 있을까?

교육과정 분석

> 관련 성취기준
> 〔6실02-08〕 생활 안전사고의 종류와 예방 방법을 알아 실생활에 적용한다.

◎ 관련 교과서 차시 목표(총 12차시)

단원(교과)	차시 학습 목표(배정차시 수)
가정 생활과 안전 영역 (실과)	가정에서 일어날 수 있는 안전사고의 종류와 예방 방법 알기 (1)
	가정에서 일어날 수 있는 안전사고의 종류와 예방 방법 실천하기 (1)
	학교에서 일어날 수 있는 안전사고의 종류와 예방 방법 알기 (1)
	학교에서 일어날 수 있는 안전사고의 종류와 예방 방법 실천하기 (1)

프로젝트학습 흐름

주제	차시	차시 활동 내용	단계
내가 만드는 안전한 우리학교	1	• 프로젝트학습 도입하기 • 학교에서 일어날 수 있는 안전사고의 종류와 예방 방법 알기	도입
	2	• 학교와 학교 주변에서 안전사고가 일어날 수 있는 위험요소 찾기	탐구
	3	• 조사한 내용 공유하기 • 산출물(캠페인, 제안서, 안전교육 자료 등) 계획하기	
	4	• 산출물을 활용하여 팀별 활동 실천하기 • 프로젝트학습 성찰하기	공유 정리

5~6학년
프로젝트학습 제안
③

```
세계 문화 소개하기
6학년
```

프로젝트학습 목표

① 세계 주요 대륙과 대양의 위치 및 범위, 대륙별 주요 나라의 위치
  와 영토의 특징을 탐색하기

② 의식주 생활에 특색이 있는 나라나 지역의 사례 조사하기

③ 여러 자연적, 인문적 요인이 인간 생활에 영향을 미치는 것을 이해
  하며 산출물을 만들어 역할에 따라 조사한 나라의 문화 소개하기

프로젝트질문

학생들이 다양한 역할과 나라, 소개할 문화를 선택할 수 있다. 학생
수준에서 기대되는 프로젝트질문은 다음과 같다.

– 여행가이드로서 스페인 여행을 준비하는 사람들을
  어떻게 도울 수 있을까?
– 요리 프로그램 제작자로서 어떻게 하면 초등학생 시청자들에게
  이탈리아 음식(파스타)의 특징을 소개할 수 있을까?

교육과정 분석

관련 성취기준
〔6사07-02〕여러 시각 및 공간 자료를 활용하여 세계 주요 대륙과 대양의
위치 및 범위, 대륙별 주요 나라의 위치와 영토의 특징을 탐색한다.
〔6사07-04〕의식주 생활에 특색이 있는 나라나 지역의 사례를 조사하고,
이를 바탕으로 하여 인간 생활에 영향을 미치는 여러 자연적, 인문적 요인을 탐구한다.

◎ 관련 교과서 차시 목표(총 7차시)

단원(교과)	차시 학습 목표(배정차시 수)
1. 세계 여러 나라의 자연과 문화(사회)	세계 여러 나라의 면적과 모양 살펴보기
	세계 여러 나라의 면적과 모양 살펴보기
	세계 지도, 지구본, 디지털 영상 지도를 활용하여 세계 여러 나라 소개해 보기
	세계 여러 나라 사람들의 다양한 생활 모습 살펴보기
	환경에 따라 달라지는 세계 여러 나라 사람들의 생활 모습 조사해 보기
	환경에 따라 달라지는 세계 여러 나라 사람들의 생활 모습 조사해 보기
	세계 여러 나라 사람들의 생활 모습을 이해하고 존중하는 태도 알아보기

프로젝트학습 흐름

주제	차시	차시 활동 내용	단계
세계 문화 소개 하기	1	• 프로젝트학습 도입하기 　(사전 과제: 세계의 다양한 나라의 모습 살펴보기)	도입
	2	• 세계 지도, 지구본, 디지털 영상 지도를 활용하여 소개하고 싶은 　나라의 특징 조사하기(위치, 환경, 생활 모습)	탐구
	3	• 세계 지도, 지구본, 디지털 영상 지도를 활용하여 소개하고 싶은 　나라의 특징 조사하기(위치, 환경, 생활 모습)	
	4	• 소개하고 싶은 각 나라에 대한 주제와 그 나라의 　위치, 환경, 생활 모습 등과 연관성 찾기	
	5	• 조사한 내용을 바탕으로 산출물 제작 계획 세우고 산출물 제작하기	
	6	• 산출물 발표 · 공유	공유
	7	• 프로젝트학습 평가 및 성찰	정리

5~6학년
프로젝트학습 제안
④

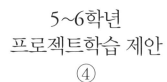

소중한 우리말을 지켜라!
6학년

프로젝트학습 목표

① 실생활에서 수학적 지식을 활용해보는 경험을 제공

② 우리말 사용에 대한 올바른 태도 기르기

프로젝트질문

어떻게 해야 OO초등학교 학생들이 올바른 우리말 사용의 필요성을 알고 실천할 수 있을까?

교육과정 분석

관련 성취기준

〔6국04-06〕 일상생활에서 국어를 바르게 사용하는 태도를 지닌다.

〔6국01-05〕 매체 자료를 활용하여 내용을 효과적으로 발표한다.

〔6수05-03〕 주어진 자료를 띠그래프와 원그래프로 나타낼 수 있다.

〔6수05-04〕 자료를 수집, 분류, 정리하여 목적에 맞는 그래프로 나타내고,
그래프를 해석할 수 있다.

관련 교과서 차시 목표 (총 17차시)

단원(교과)	차시 학습 목표(배정차시 수)
7. 우리말을 가꾸어요 (국어)	자신의 언어생활을 점검할 수 있다. (2)
	우리말 사용 실태를 알아볼 수 있다. (2)
	우리말 사용 실태를 조사할 수 있다. (2)
	실태조사를 바탕으로 하여 올바른 우리말 사용을 주제로 글을 쓸 수 있다. (2)
	올바른 우리말 사례집을 만들 수 있다. (2)
5. 여러가지 그래프 (수학)	띠그래프를 알아볼까요 (1)
	띠그래프로 나타내어 볼까요 (1)
	원그래프를 알아볼까요 (1)
	원그래프로 나타내어 볼까요 (1)
	그래프를 해석해 볼까요 (1)
	여러 가지 그래프를 비교해 볼까요 (1)
	도전 수학 (1)

프로젝트학습 흐름

주제	차시	차시 활동 내용	단계
	1	• 프로젝트학습 도입하기	도입
	2	• 올바른 우리말 사용이 필요한 까닭 알아보고 언어파괴 사례 살펴보기	탐구
	3	• 자신의 우리말 사용 실태 점검하기	
	4	• 우리 학교 우리말 사용 실태 조사 계획 세우기	
	5-6	• 우리 학교 우리말 사용 실태 조사 준비	
소중한 우리말을 지켜라!	7	• 조사 결과로 의견 나누고 도표의 필요성 인식하기	
	7-8	• 프로젝트학습 평가 및 성찰	
	9-10	• 띠그래프와 원그래프 알아보기	
	11	• 실태 조사 결과 그래프로 나타내기	
	12	• 팀별 조사 결과 프레젠테이션	
	13-15	• 결과물 제작 계획 세우기 • 산출물 제작하기	공유
	16	• 산출물 공유	
	17	• 프로젝트학습 평가 및 성찰	

3~4학년
프로젝트학습 제안
①

> **나는 문화해설사**
> **(블렌디드 프로젝트학습)**
> **4학년**

프로젝트학습 목표

① 전라남도 문화유적지 조사하기

② 전라남도 문화유적지 답사하기

③ 전라남도 문화유적지 소개하기

④ 전라남도 문화유적지에 대한 자부심 갖기

프로젝트질문

문화해설사로서 어떻게 하면 친구들에게 000 유적지를 잘 설명할 수 있을까?

교육과정 분석

◎ 관련 성취기준

(4사03-03) 우리 지역을 대표하는 유·무형의 문화유산을 알아보고,
지역의 문화유산을 소중히 여기는 태도를 갖는다.

(4사03-04) 우리 지역과 관련된 역사적 인물의 삶을 알아보고,
지역의 역사에 대해 자부심을 갖는다.

◎ 관련 교과서 차시 목표(총 21차시)

교과	단원	차시 학습 목표	차시
사회	2. 우리가 알아보는 지역의 역사 (15차시)	단원 학습 내용 예상하기	1
		우리 지역의 문화유산 조사 방법 알아보기	1
		우리 지역의 문화유산 답사 계획 세워보기	1
		우리 지역의 문화유산 답사해 보기	1
		우리 지역의 문화유산 소개 자료 만들어 보기	2
		우리 지역의 문화유산을 보호하려는 노력 알아보기	1
		우리 지역의 역사적 인물을 조사하는 계획 세워 보기	2
		우리 지역의 역사적 인물 조사해보기	1
		우리 지역의 역사적 인물을 소개하는 자료 만들어 보기	2
		우리 지역의 인물을 다양한 방법으로 소개해 보기	1
		단원 학습 내용 정리 및 사고력 학습	2
자율 활동	현장체험 학습	1학기 현장체험학습	6

▼

배워야 할 내용	- 전남 문화유적지와 관련된 유·무형의 문화유산 조사하기 - 전남 문화유적지와 관련된 역사적 인물의 삶 조사하기	산출물
실천해야 할 활동	- 전남 문화유적지 답사 계획 세우기 - 전남 문화유적지 답사하기 - 전남 문화유적지 소개자료 만들기 - 전남 문화유적지 소개하기	신문 기사

프로젝트학습 흐름

주제	차시	차시 활동 내용	블렌디드
우리 전라남도 문화유적지를 소개합니다.	1-2	프로젝트학습 도입하기	대면
	3-6	문화유적지 조사하기	원격
	7-9	문화유적지 소개자료 만들기	대면
	10-11	문화유적지 소개 및 투표하기	대면
	12-13	현장체험학습 계획 세우기	원격
	14-18	현장체험학습	대면
	19-20	현장체험학습 사후 보고서 작성하기	원격
	21	프로젝트학습 정리하기	대면

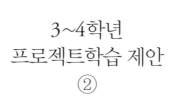

3~4학년
프로젝트학습 제안
②

나는 작가다
4학년

프로젝트학습 목표

① 이야기의 흐름에 맞게 이야기 이어 쓰기

② 즐겁게 작품을 감상하기

③ 쓰기에 대한 긍정적 태도 기르기

프로젝트질문

나는 작가로서 어떻게 하면 이야기의 흐름에 맞는 이야기를 이어 쓸 수 있을까?

교육과정 분석

> ◎ 관련 성취기준
> 〔4사05-03〕이야기의 흐름을 파악하여 이어질 내용을 상상하고 표현한다.
> 〔4사03-05〕쓰기에 자신감을 갖고 자신의 글을 적극적으로 나누는 태도를 지닌다.
> 〔4국05-05〕재미나 감동을 느끼며 작품을 즐겨 감상하는 태도를 지닌다.

◎ 관련 교과서 차시 목표(총 10차시)

교과	단원	차시 학습 목표	차시
국어	5. 내가 만든 이야기 (10차 시)	그림의 차례를 정해 이야기를 꾸밀 수 있다.	1-2
		사건의 흐름을 파악하며 이야기를 읽을 수 있다.	3-4
		이야기의 흐름을 이해할 수 있다.	5-6
		이야기를 읽고 이어질 내용을 상상해 쓸 수 있다.	7-8
		자신이 상상한 이야기를 친구들에게 들려줄 수 있다.	9-10

▼

배워야 할 내용	- 이야기의 흐름에 맞게 이야기 이어 쓰는 방법 이해하기	산출물
실천해야 할 활동	- 즐겁게 작품 감상하기 - 이야기의 흐름에 맞게 이야기 이어 쓰기 - 쓰기에 대한 긍정적 태도 기르기	신문 기사

프로젝트학습 흐름

주제	차시	차시 활동 내용	단계
나는 작가다.	1-2	프로젝트학습 도입하기	도입
	3-4	이야기 이어 쓰는 방법 배우기	탐구
	5-9	이야기 이어 쓰기	
	10	발표하기	공유
			성찰

그림자 연극 프로젝트는 재미있었다. 하지만 모둠당
ㅇㅇ이가 있어서 걱정이었는데 그림자 연극 소품을 □
도움을 많이 줘서 괜찮았다. 평상시에 그림자 □
참떨 잘 안 할줄 알았는데 만들기도 잘 해 □
선생님께서 카메라로 찍는 것을 도와주셨고,
우리가 한뜨편으로 했다 중간뺄□ 때 친구들과 선 □
말한 것을 다시 영상편집 하여 그림자 연극을 □
1,2학년에게 보여줄 때는 동생들이 좋아할까
했지만 우리의 연극을 보고 좋아해서 다행이었다.

배움이 빛나는 프로젝트학습

초판 1쇄 인쇄 2020년 11월 30일
초판 1쇄 발행 2020년 12월 7일

지은이   어수선(어디에서나 수업을 연구하는 선생님들)
펴낸이   문채원
편집   이은미

펴낸곳   도서출판 사우
출판   등록 2014-000017호
주소   서울시 양천구 목동동로 50, 1223-508
전화   02-2642-6420
팩스   0504-156-6085
전자우편   sawoopub@gmail.com

ISBN 979-11-87332-57-2 03370